아동용
6~12세

101가지
생활기술 게임

배우기, 성장하기, 사이좋게 지내기

Bernd Badegruber 지음

송길연, 유봉현 옮김

Σ 시그마프레스

101가지 생활기술 게임 아동용 : 6~12세

배우기, 성장하기, 사이좋게 지내기

발행일 | 2016년 8월 16일 1쇄 발행

저자 | Bernd Badegruber
역자 | 송길연, 유봉현
발행인 | 강학경
발행처 | (주)시그마프레스
디자인 | 송현주
편집 | 김성남

등록번호 | 제10-2642호
주소 | 서울특별시 영등포구 양평로 22길 21 선유도코오롱디지털타워 A401~403호
전자우편 | sigma@spress.co.kr
홈페이지 | http://www.sigmapress.co.kr
전화 | (02)323-4845, (02)2062-5184~8
팩스 | (02)323-4197
ISBN | 978-89-6866-785-5

Spiele zum Problemlösen, Band 1

Original Edition in German: Bernd Badegruber : Spiele zum Problemlösen, Band 1.
Veritas, Linz-Austria. Illustrated by Alois Jesner
All rights reserved.
Korean language edition ⓒ 2016 by Sigma Press, Inc. published by arrangement
with VERITAS

* 책값은 뒤표지에 있습니다.
* 이 도서의 국립중앙도서관 출판예정도서목록(CIP)은 서지정보유통지원시스템 홈페이
지(http://seoji.nl.go.kr)와 국가자료공동목록시스템(http://www.nl.go.kr/kolisnet)
에서 이용하실 수 있습니다.(CIP제어번호 : CIP2016018753)

차례

더 많은 상상 더하기

게임 차례

더 많은 상상 더하기

동상과 조각하기 게임

동화 게임

팬터마임 극

역자 서문

현대의 여러 가지 사회적 변화는 적절한 생활기술의 필요성을 증가시켰습니다. 생활기술은 사회적 기술과 정서적 기술을 포함합니다. 이 101가지 생활기술 게임은 게임을 통해 생활(사회정서적)기술을 길러 주기 위한 것입니다. 101가지 생활기술 게임(아동용 : 6~12세)은 101가지 더 많은 생활기술 게임(청소년용 : 9~15세)과 자매서입니다.

역자들은 그동안 사회적 기술을 길러 주는 데 도움이 될 책들을 번역하고 알리는 데 힘써 왔습니다. 생활기술에 속하는 사회성 발달이나 정서발달 관련 프로그램의 상당 부분들은 서구 특히 북미권의 기존 프로그램들을 사용한 경우가 많습니다. 이러한 사회적 기술훈련들은 체계적이며 실행 과정에서 자신의 행동과 생각을 돌아보고 말로 표현할 것을 요구합니다. 그런데 우리나라 학생들은 학교와 생활에서 부딪히는 문제의 각 단계를 이성적, 합리적으로 생각하고 말로 표현하는 훈련을 받아 본 일이 거의 없거나 적습니다. 또한 최근에는 아동 · 청소년들이 생각하는 것 자체를 귀찮아하는 경향이 커지고 있는 것으로 보입니다. 그러다 보니 생활기술을 배울 때 생각하라고 요구하게 되면 학생들은 흥미가 줄어들고 힘들어합니다. 이처럼 생각하고 말로 표현해야 하는 훈련 과정은 학업 스트레스로 힘든 학생들에게 또 다른 부담을 주는 것 같습니다. 그런 이유로 학생들이 좀 더 재미있게 적극적으로 참여하게 할 방법이 없을까 하는 고민을 하던 차에 생활기술 게임을 알게 되었습니다.

모든 아동은 놀 수 있고 어떤 아동이라도 배울 수 있다. 이것이 생활기술 게임의 바탕이 되는 기본 전제입니다. 생활기술 게임의 목표는 어떤 교육현장에서나 아동 · 청소년이 즐거운 게임 활동을 통해 생활기술을 배우게 하는 것입니다. 학습의 형태를 취하지 않고 놀이처럼 게임을 하면서 그 과정을 통해 생활기술을 배우게 되는 것입니다. 따라서 아이들은 어떤 부담감도 갖지 않고 게임에 참가할 수 있습니다. 그래서 치료가 일차적인 목표는 아닙니다. 물론 일차적인 목표가 치료가 아니라고 해도 치료 장면에서 잘 활용할 수 있습니다. 다만 놀이로서의 게임을 통해 이러한 것이 이루어지길 기대하는 겁니다.

게임은 '나 게임', '너 게임', '우리 게임', '추가적인 게임'으로 이루어져 있습니다. 각 게임이 갖는 특성에 따른 분류(넓은 공간이 필요한 게임, 소품이 필요 없는 게임, 신체적 접촉이 없는 게임 등)도 책 뒷부분에 포함되어 있습니다.

이 생활기술 게임은 아동 · 청소년을 현장에서 만나는 초중등 교사, 특수교사, 상담자, 아동 · 청소년 캠프 지도자에게 유용할 뿐만 아니라 아동 · 청소년을 대상으로 한 프로그램을 개발하는 분들한테도 좋은 자료가 되리라 생각합니다.

이 책을 번역하도록 도와주신 (주)시그마프레스의 강학경 사장님과 꼼꼼하게 편집을 해 주신 편집진에게 감사드립니다. 현장에서 애쓰시는 교사와 아동 · 청소년 전문가 여러분 모두 즐거운 생활기술 게임을 통해 생활기술의 향상을 경험하시길 바랍니다.

역자 대표

저자 서문

생활기술은 무엇인가? 인생에서 성공하기 위해 필요한 실천기술 외에도 아동은 잘 적응하는 어른이 되기 위해 사회적 기술과 정서적 기술을 발달시킬 필요가 있다. 이러한 기술들이 이 책의 핵심이다.

특히 이 책과 101가지 더 많은 생활기술 게임(청소년용 : 9~15세)에 있는 게임들은 다음과 같은 영역에서의 능력과 인식을 키우기 위해 만들어진 것이다. 그 영역은 자기인식, 정서의 자기조절, 능동적 경청, 언어적 및 비언어적 의사소통, 다른 사람들과 쌍으로 그리고 좀 더 큰 집단으로 협력하기, 다른 사람의 감정을 관찰하고 이해하기이다. 이것들은 성공적 인생의 핵심적 기술이고 기본 요소이다. 학급이나 캠프에서 이 책에 있는 게임에 참여하는 것은 아동이 안전하고 지지적인 환경에서 발달하도록 도울 것이다.

우리는 사회 · 정서 발달의 이 영역을 생활기술보다는 생활가치로 부르는 걸 고려했었다. 그러나 독자들로 하여금 우리가 도덕적 원리를 추천하거나 옳고 그른 것이 무엇인지 기술한다고 잘못 생각하도록 만들고 싶지 않았다. 오히려 초점은 자기인식과 다른 사람들과 잘 지내는 기초적 기술의 발달에 있다. 일단 이러한 기초가 자리 잡으면 아동은 독립적이 되는 데 필요한 기술을 배울 준비가 된다. 이 기술들은 다른 책들에서 언급되고 여러분의 자녀가 좀 더 자랐을 때 더 가치를 갖게 될 것이다.

학교상담자들과 교사들은 교실환경에 동화되는 데 어려움을 겪는 아동의 수가 증가하는 것에 주목했다. 이런 아동들을 돕기 위해 상담자들은 부모, 교사, 교육자, 다른 성인들의 강력한 참여에 의존해야 한다. 이 책은 그들을 돕기 위해 만들어졌다.

교실에서 문제가 있는 아동들은 다른 사람들에게도 문제를 일으키는 경향이 있다. 이 아동들은 사회적 기술과 문제해결기술을 발달시킬 모델이 필요하다. 구조화된 집단 안에서 그들은 사회적 행동을 경험하고 시험해 볼 수 있다. 그들은 일상의 실제와 다른 아동과의 접촉을 통해 배울 수 있다. 가상적 상황은 도움이 될 수 있다. 가상상황에서 아동은 안전할 수 있다. 이 책의 게임을 사용할 때 아동들은 재미있어하면서 현재 교실에서 일어난 갈등이나 가상적 문제를 다룰 수 있다. 그것은 그들이 미래에 일어날 실제 상황에서 그것들을 다룰 준비를 하도록 돕는다.

생활기술은 집단 수준에서도 효과가 있어서, 집단 구성원은 미래의 문제를 자신감을 가지고 직면할 수 있고 집단으로서 문제해결능력을 발달시킬 수 있다. 강력한 집단 내에서 안전하다고 느끼는 아동은 집단 밖에서 문제에 부딪힐 때도 더 잘할 것이다.

이 책에 있는 게임들은 게임이 목표를 달성하는 방식에 따라서 네 부분으로 배열되어 있다.

나 게임(I Games)에서는 의사소통이 대부분 일방향이다. 여기서 중심기술은 자신을 탐색하고 자기가 관찰한 것을 표현하려는 아동들을 대상으로 한다. 물론 아동들은 다른 사람이 말하는 것을 경청한다. 그러나 말해진 것이 무엇인지에 대해 집단이 생각해 볼 점(숙고)은 없다. 질문도 하지 않고 말도 하지 않는다.

너 게임(You Games)은 파트너를 지각하는 방식에 초점을 둔다. 그 게임들은 관찰, 질문하기, 반응하기, 말하기, 생각해 볼 점 등을 통해 파트너에 대해 더 많이 알려고 한다. 이 게임을 함으로써 그들은 자신에 대해 좀 더 많이 알고, 다른 사람과 더 가까워지게 되며, 점점 더 많은 집단의 사람들과 가까워지게 된다.

우리 게임(We Games)은 집단 내에서 자신을 적응시키는 것 배우기, 집단 안에서 자신의 위치 알기, 집단 구성원과 집단 자체의 강·약점을 인식하고 사용하기와 같은 목표를 강조한다. 아동들은 집단 변화, 즉 집단특성이 수시로 변하는 것도 배울 수 있다. 집단 내에서의 위치·관계·분위기·잠재력은 부분적으로는 안정적이고, 부분적으로는 상황에 따라 변한다.

우리 게임에서 집단 구성원은 자기 집단과 다른 집단 사이의 차이를 인식하고 다른 집단을 어떻게 평가하고 받아들일지를 배운다.

이 책의 앞에 있는 게임에서 잘하게 되면 집단리더는 네 번째 부분인 더 많은 상상 더하기(Adding More Imagination)에 있는 게임을 실시할 수 있다. 이 게임들은 규칙이 더 적고 창의성은 더 많이 허용된다.

네 부분의 각각에서 많은 게임들이 '생각해 볼 점'이 있고 '역할극'이 제시된다. '생각해 볼 점'은 게임에 의해서 열린 학습과 논의의 가능성을 최대화하기 위해서 집단리더가 아동들에게 물을 수 있는 질문의 예이다. 역할극 제시는 참가자들이 서로를 '특성에 맞게' 만나는 걸 가능하게 함으로써 게임에 또 다른 차원을 추가한다.

우리는 이 책 전반에 걸쳐 남성명사와 여성명사를 번갈아 사용했다. 물론 모든 '그'는 '그녀'가 될 수 있고 모든 '그녀의'는 '그의'가 될 수 있다(이 부분은 혹시 있을 수 있는 독자의 혼란을 막기 위해서 상황에 따라 '참가자'나 '그' 또는 '그녀'로 번역했다 – 역주).

소개

아동과 놀기에 대한 생각

무엇이 활동을 '놀이'로 만드는가?

그 자체로—또는 단지 재미있어서—개입하는 활동이 놀이로 간주된다. 놀이는 어떤 일을 하는 데에서의 기쁨에 대한 것이다. 놀이에서는 돈을 벌고 생존을 위해 애쓰는 일은 뒷전이다. 실제로 어떤 종류의 결과는 그다지 중요하지 않다. 놀이의 또 다른 특성은 게임이 거의 무한수의 변형을 가질 수 있다는 점이다. 모든 사람이 동의하는 한 게임규칙이 바뀌는 걸 아무도 개의치 않는다! 변형은 아동에게 실험하고, 새로운 경험을 시도하고, 그들의 환경을 극복하는 걸 배울 길을 제공한다. 물론 규칙을 실험하는 것과 따르는 것 사이의 균형이 항상 필요하다. 이 책은 그 균형을 유지하려고 노력한다.

놀이에 대한 이런 생각으로부터, 나는 게임이 놀이가 되기 위해 가져야만 하는 5개 특성을 찾아냈다.

놀이의 5개 특성

1. 아동이 아는 분명한 목적이 없다.

만약 자신이 활동을 통해 어떤 것을 배우도록 되어 있다는 것을 깨닫지 못한다면 그 활동은 놀이다. '학습 게임' 그리고 '놀이 같은 작업'과 같은 개념들은 성인 마음에만 존재한다. 목표를 통제함으로써 어른은 아이들이 알지 못하게 게임을 '일'로 전환시킬 수 있다. 즉 어른은 아동이 놀이에서 배운다(놀이가 목적이 있다)는 걸 안다. 그러나 아이는 그것을 걱정하지 않아야 한다.

2. 자발적이어야 한다.

놀이는 자발적이다. 여러분은 원할 때는 언제든 그만둘 수 있다. 아무도 게임을 하라고 강요받지 않을 수 있다. 다른 참가자들은 참가하고 싶지 않은 사람이나 그만두는 사람을 낮추어 볼 수 있다. 그러나 그것뿐이다. 교사나 집단리더는 누구에게라도 게임을 하라고 절대로 강요해선 안 된다!

3. 규칙은 유연해야 한다.

모든 참가자가 새로운 규칙을 이해한다면 개별게임이나 집단게임에서 규칙은 언제든 바뀔 수 있다. 바꾸기, 개작하기, 심지어 새 규칙 만들기는 지능과 창의성을 길러 준다.

4. 일시적인 정서반응을 유발한다.

정서반응을 통해 나는 환희, 기대, 희망, 분노, 두려움, 이완, 불확실성, 행복, 소속감, 공격성 등의 강한 감정을 나타낸다. 한편으로는 이런 감정들은 강할 수 있고, 다른 쪽으로는 "이것은 단지 게임일 뿐이야."라는 생각으로 분산될 수 있다. 이것은 긴장을 건설적으로 다루는 걸 배우는 방식이다. 그뿐 아니라 활동에 긴장을 끼워 넣지 않는다면, 아동은 이것을 게임이라고 생각하지도 않을 것이다. 훈련이나 단지 활동처럼 더 느껴질 수 있다.

이 책에 있는 어떤 게임들은 생활기술 게임보다는 생활기술 훈련으로 사용될 수 있다. 이런 형태의 사회적 학습도 의미가 있다. 그러나 그것은 게임이 아니다. 리더는 그 차이를 인식해야 한다.

5. 실험으로부터 이익을 얻는다.

게임은 게임을 하는 방법이 여러 개 있을 때 이것은 하나가 아닌 여러 개의 게임이 된다. 서로 다른 놀이 책략, 목표, 규칙 해석이 있을 수 있다. 실험은 새로운 것을 학습할 기회. 실험하기, 발명하기, 창의성의 다중적 가능성을 포함하는 게임들은 가능한 최선의 의미에서 '학습 게임(learning game)'이다.

게임의 목표

이 게임들에서 특정 목표가 달성되는 방법의 배경이 되는 심리학 이론에 대한 더 많은 정보를 구하기 위해서, 다음에 있는 괄호 안의 심리학자들에게 조언을 구하라.

기능의 실험과 경험(Jean Piaget)

연습과 자동화(Jean Piaget, G. Stanley Hall, Karl Groos)

규칙의 학습과 실천(Jean Piaget)

욕구 다루기(G. Stanley Hall)

힘의 경험과 발휘(Alfred Adler)

정화(깨끗이 하기)(Sigmund Freud)

인지학습(Jean Piaget)

활성화(Heinz Heckhausen)

과도한 에너지 유지하기(Herbert Spencer)

놀이치료와 게임교육

이 책의 목적은 교육자에게 그들이 아동들과 일할 때 도움이 되는 일단의 게임을 제공하는 것이다. 아동들에게 게임은 재미있는 방식이다. 집단리더에게 이 게임들은 그 이상의 것이다. 게임 상황에서 갈등과 문제를 이해하는 걸 돕고 극복하는 것을 학습하도록 돕는 방식이다. 그 갈등과 문제들은 모두 미래에는 실제로 일어날 것들이다. 아동의 과거에 있던 문제와 갈등을 다루는 건 게임리더의 일이 아니다. 그 과제는 치료자에게 맡겨져야 한다. 그러나 이 책의 목적이 일차적인 치료에 있는 게 아니라는 사실이 치료자들이 그들의 작업에 이 책을 사용하면 안 된다는 걸 의미하는 건 아니다.

다음 인용구는 스위스 심리학자 Hans Zullinger[H. Glotze and W. Jaede. *Die nicht-direktive Spieltherapie*(비지시적 게임치료)]의 글을 인용한 것인데, 그의 게임에 대한 정의가 나의 의견과 가장 가깝다.

> Zullinger에게 아동은 게임 자체를 통해 치유된다. 치료자는 능동적으로 앞으로 밀고 나갈 가능성과 게임을 더 발전시킬 가능성이 있을 때는 언제든지 개입한다. 치료자는 자기가 옳다고 믿는 방식으로 자신의 추진력을 더하고(Zullinger의 판단에서), 자료를 만들며 상황을 조정하고 조직할 수 있다. 이런 식으로 아동들은 정서적 긴장을 줄이고 사회적 갈등을 해결하기 위해 게임을 사용할 기회를 제공받는다. 게임 파트너인 치료자의 도움을 받으며 독립적 활동을 함으로써 이러한 활동들은 점차 건설적으로 된다.

다시 말하면 Zullinger는 순수한 게임치료를 선호한다. 이것은 아동에게 설명하지 않지만 다양하고 많은 게임과 게임 경험을 제공한다.

집단리더의 역할

아래 인용 부분에서 Jürgen Fritz[J. Fritz, *Methoden des sozialen Lernens*(사회적 학습 방법)]는 게임에서 최적의 결과를 달성하기 위해 집단리더에게 주는 Benita Daublensky의 조언[B. Daublensky, *Spielen in der Schule*(학교에서 놀기)]을 인용한다.

- 여러분은 아동에게 친절을 베풀고 있는 게 아님을 깨달으라.
- 사람들이 여러분에게 의존하지 않게 하면서 도우라.
- 과보호하지 말고 아동을 어려움에서 보호하라. 가능한 한 아동들이 자신의 경험을 만들게 하라.
- 아동들이 그들이 원하는 쌍이나 집단으로 만드는 걸 허용하지만 선택받지 못한 아동들을 도우라.
- 아동들 사이의 경쟁을 최소화하도록 하라.
- 개방적 분위기를 만들고 아동들에게 서로를 돕는 방법을 시범적으로 보여주라.

이 책의 사용법

첫 번째 방식 : 단계적으로 한다.

게임은 나 게임으로 시작한다. 여러분은 나 게임의 일부나 전체를 실시하고, 너 게임을 하고 다음에 우리 게임을 할 수 있다. 집단 워밍업 게임(게임 색인에서 "워밍업" 아래에 목록이 있다)은 초기에 또는 게임 사이에 할 수 있다. 처음 세 부분의 게임에서 아동들이 잘하게 되면 그들에게 마지막 부분의 게임인 더 많은 상상 더하기를 실시할 수 있다.

두 번째 방식 : 구체적인 문제에 초점을 둔다.

몇 개의 워밍업 게임을 한 후에 그 순간에 여러분이 관심 있는 부분으로 시작하라.

예 : 여러분은 공격성 주제에 접근하는 하나의 방식으로 "공격성 게임"으로 시작한다. 그 뒤에 "돕기 게임", "협동 게임" 또는 "새로운 반친구 맞아들이기" 게임을 하는 것으로 예방적 관점에서 이 책을 본다.

세 번째 방식 : 관련게임을 이용한다.

각 게임의 끝에서 여러분은 관련게임의 제시를 보게 될 것이다. 관련게임은 책에 있는 같은 종류의 게임이나 비슷한 목표, 놀이 방법, 또는 참가자 구성을 갖는 게임들로 안내한다.

예 : 여러분은 하나의 파트너 게임에서 또 다른 파트너 게임으로 진행한다. 여러분은 **세계신기록**(36번 게임) 속의 파트너가 있는 세계기록 게임에서 **댄스 파트너**(37번 게임) 속의 파트너의 춤동작 따라 하기로 진행한다. 대화 게임 후에 여러분은 그 게임을 팬터마임 게임과 비교한다. 파트너 관찰 게임 후에 여러분은 다른 지각 게임을 한다.

여러분은 주어진 순서로 관련게임을 할 수 있다. 대신으로 여러분이 좋아하는 어떤 관련게임이든 충실히 하고 거기에 주어진 관련게임을 수행할 수도 있다. 여러분은 출발점에서부터 더 멀리 나아가고 한편으론 여러분의 게임 프로그램이 다양해진다.

간략함에 대한 짧은 글

만약 여러분이 게임 지시문을 읽는 데 익숙하다면, 여러분은 이 책의 지시문이 아주 짧다는 점에 놀라게 될 것이다. 그렇게 한 이유가 있다.

자세한 게임 실시 지시문을 따르면서 집단리더가 게임규칙을 너무 엄밀히 고집한다면, 규칙에 대한 의존은 모든 것을 손상시키고 집단에 그대로 전달된다. 이 책에서는 게임을 기술하기보다는 게임을 제시하려고 한다. 너무 구체적인 것은 참가자들을 제한하고 그들의 창의성을 자극하지 못한다.

게임리더인 여러분이 만약 게임의 변형을 완전히 이해하지 못한다면 어떻게 할 건가? 그런 경우에는 아마도 여러분 자신의 변형을 만들어 낼 것이다. 그리고 그렇게 되어야 한다. 교사훈련 세미나에서 나는 종종 의도적으로 짧은 지시를 한다. 경험이 있는 게임참가자들은 순간적으로 당황하지만 필요가 창조의 어머니이듯이 그들은 곧 그들 자신의 해석을 시험해 보기 시작한다. 그들이 "이제 우리는 ~해야만 하나요?" 또는 "우린 ~할 수 있나요?" 하고 물으면 나는 단지 어깨를 으쓱할 뿐이다. 그리고 새로운 게임이 만들어지자마자 그들의 질문이 사라지는 걸 본다.

이처럼 모든 우발성과 가능성을 이 책에서 다룰 수는 없다. 서로 다른 집단들은 다른 방식으로 다른 아이디어에 도달한다. 그들 모두는 예측불가능하다. 세미나에서 나는 학생들에게 대안이 되는 게임을 만들도록 격려하기 전에 기본판 게임을 한다.

이 책에 있는 접근과 게임들은 '학습을 여는' 원리와 잘 결합될 수 있다. 그것에 대해서는 다른 곳에 많이 기록되어 있다.

게임에서 사용된 아이콘의 검색표

특정 상황에 맞는 게임을 찾는 걸 돕기 위해 게임은 상징과 아이콘으로 부호화되어 있다. 이 아이콘들은 여러분에게 한눈에 게임에 대한 다음 사항들을 알려준다.

- 필요한 집단 크기
- 난이도 수준
- 큰 장소가 필요한지 여부
- 음악이 필요한지 여부
- 준비물이 필요한지 여부
- 신체적 접촉이 포함되는지 또는 포함될 수 있는지 여부

이 아이콘들은 다음에 더 자세히 설명되어 있다. 다른 SmartFun Books(연령 수준과 시간)에 포함된 두 개의 아이콘은 여기서는 생략되었다. 왜냐하면 이

책의 연령집단은 이미 아동연령 6~12세(9~15세를 위한 훈련은 101가지 더 많은 생활기술 게임에서 볼 수 있다)로 분명히 정해져 있고 또 각 게임에 걸리는 시간은 많은 요인에 따라 달라지기 때문이다. 이 요인은 집단 크기 및 특정 게임이 참가자들에게 매력적인지 여부를 포함한다.

필요한 집단 크기. 대부분의 게임들은 큰 집단으로 가장 잘 실시된다. 만약 게임이 4명 집단처럼 짝수의 참가자를 필요로 한다면 그 게임은 적절한 아이콘으로 표시될 것이다.

 = 짝수

= 3명 집단

= 4명 집단

= 게임이 어떤 크기의 집단에도 적절하다.

난이도 수준. 더 나이 든 아동들에게 적합할 수 있는 이 책의 더 복잡한 게임들은 다음과 같은 아이콘으로 표시되어 있다.

= 앞선 참가자들을 위한

큰 장소가 필요한지 여부. 이 책에 있는 대부분의 모든 게임은 교실에서 할 수 있다. 체육관 같은 더 큰 공간이 필요한 몇몇 게임들은 다음과 같은 아이콘으로 표시되어 있다.

= 큰 공간 필요함

음악이 필요한지 여부. 이 책에 있는 소수의 게임들만 녹음된 음악이 필요하다. 만약 음악이 선택사항이라면 마찬가지로 표시한다. 만약 음악이 필요하면 아래의 아이콘이 사용된다.

♪ = 음악 필요함

준비물이 필요한지 여부. 많은 게임들이 특별한 준비물이 필요하지 않다. 하지만 일부 경우에는 게임을 진행하는 데 의자, 도구, 종이와 펜 또는 다른 자료들 같은 항목이 필수다. 준비물이 필요한 게임들은 아래 아이콘으로 표시되었으며 필요한 자료들은 "준비물" 항목에 적어 놓았다. 선택사항인 준비물도 마찬가지로 표시되었음에 주목하라(선택사항인 배경음악만이 유일한 항목일 때는 제외하고).

= 준비물 필요함

신체적 접촉이 포함되는지 또는 포함될 수 있는지 여부. 어떤 환경에서는 어느 정도의 신체접촉이 받아들여질 수 있지만 가벼운 신체접촉에서부터 작은 충돌까지 조금이라도 포함될 수 있는 훈련의 윗부분에 다음 아이콘이 삽입되었다. 여러분은 그 게임이 여러분의 참가자들이나 환경에 맞는지를 미리 알 수 있다.

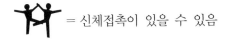 = 신체접촉이 있을 수 있음

나 게임

내가 좋아하는 것

난 이 그림이 좋아

준비물 : 잡지에서 잘라 낸 그림(모든 참가자가 쓰기에 충분한 정도), 작은 테이블 하나, 참가자 수만큼의 의자(선택사항), 부드러운 배경음악(선택사항)

목표
- 자기상 개발하기
- 자신을 소개하는 능력 향상하기

게임방식 : 의자를 원으로 배열하고 작은 탁자를 중앙에 놓는다. 테이블 위에 우편엽서 크기의 그림들이 있다. 그림들은 집, 나비, 공주, 식기들이 차려진 테이블, 해 등등이 그려진 것이다. 모든 사람이 돌아가면서 그림 하나를 고르고, 자신을 소개한 후에 그 그림을 좋아하는 이유를 설명한다. 다른 사람이 이미 골랐던 그림을 고를 수도 있다.

예
- "내 이름은 리사야. 나는 햇빛을 쬐며 누워 있는 걸 좋아하기 때문에 해 그림을 골랐어."
- "내 이름은 토마스야. 이탈리아에서 보낸 휴가를 떠오르게 해 줘서 나도 해 그림을 골랐어."

변형 : 시작할 때 모두 바닥에 흩어져 있는 그림을 잘 살펴본다. 부드러운 음악이 배경에 흐른다.

주의사항 : 그림을 단순히 묘사할 때 자신이 좋아하는 걸 말하는 일이 아동에게 매우 어렵거나 당황스럽진 않다. 이것이 자신에 대해 말하는 것보다 훨씬 쉽다.

서로의 이름을 알고 있는 집단이라면 이름 소개는 생략될 수 있다. 하지만 만약 그 집단에 새로운 아동이 있다면 이 게임을 소개 게임으로 할 수 있다.

생각해 볼 점

- 그 집단에 있는 어떤 사람이 비슷한 그림을 좋아하는가?
- 누군가에게는 그림을 고르는 것이 어려운가?

관련게임

1~19 : **나 게임** ◆ 20~26 : **너를 알아 가기** ◆ 41~44 : **집단 워밍업 게임**
◆ 52~56 : **새로 온 반친구 맞아들이기**

달려가기 게임

목표

- 이름 기억하기
- 접촉하기
- 집단 워밍업 하기

게임방식 : 참가자들이 자신을 소개하는 순서를 마친 후 리더가 한 참가자에게 다른 사람을 묘사하라고 요청한다(그 말은 중립적이거나 긍정적이어야 하며 상처를 주는 것이어서는 안 된다). 다른 사람들은 그 말이 누구를 말하는지 추측

그 여자애는 안경을 꼈어

해 본다. 그 사람이 누구인지 생각해 내면 그 사람에게 될 수 있는 한 빨리 달려가서 그와 악수한다.

예
- "그의 이름은 마틴이야."
- "그녀의 머리는 길고 금발이야."

변형 : 서로 자기소개를 한 후에, 모든 사람은 주변을 걸어 다닌다. 사람들이 걸어 다니는 동안 어느 누군가를 묘사하는 말을 한다.

주의사항 : 아동들은 달리기를 시작할 때 서로 부딪히지 않도록 주의해야 한다. 조용한 행동을 격려하기 위해 참가자들이 서로 부딪히면 그들은 다음 말이 나올 때까지 앉아 있어야 하는 규칙을 만들라.

관련게임
4 : 나쁜 요정의 모자 ◆ 7 : 내가 할 수 있는 걸 맞혀 봐

3

소원카드

준비물 : 잡지에서 오려 낸 그림(참가자 모두에게 충분할 정도의)

목표
- 소원 표현하기
- 소원 달성하기
- 관대해지기
- ~없이 하는 것 배우기
- 소원이 미루어질 수 있음을 배우기

게임방식 : 난 이 그림이 좋아(1번 게임)를 한 후에 대부분(전부가 아니더라도)의 게임 참가자들은 그림을 들고 있다. 만약 이 게임을 하기 전에 1번 게임을 하지 않았다면 여러분은 각각의 참가자들에게 다른 항목의 그림들을 준다. 모

든 참가자가 자신의 그림을 5분 동안 본 다음 나머지 사람들이 볼 수 없도록 그림을 들고 있다. 한 참가자가 자신의 그림을 내려놓고 다른 사람의 카드를 '원하면서' 게임을 시작한다. 이때 그 사람이 원하는 그림을 가진 사람은 누구든지 그에게 그림을 주어야 한다. 그 후에 자신의 카드를 포기한 사람이 자신의 소원을 말하고 그가 말한 카드를 받는다.

예 : "내 손엔 아무것도 없어. 난 태양이 있는 그림을 원해."

변형 : 모든 참가자가 자기 그림을 뒤집어서 다른 사람들이 볼 수 있게 한다. 만약 자기가 원하는 그림을 말하려면, 그 사람은 그 그림을 가지고 있는 사람의 이름도 말해야 한다.

관련게임
4 : **나쁜 요정의 모자** ◆ 26 : **내 오른쪽 자리가 비었어요(트위스트를 추며)**

*101가지 더 많은 생활기술 게임*에 있는 관련게임
13 : **보이지 않는 사람** ◆ 34 : **그림 선물** ◆ 68 : **생일파티**

나쁜 요정의 모자

준비물 : 잡지에서 오려 낸 그림(모든 참가자에게 충분할 정도의), 모자 한 개

목표
- 싫은 것 표현하기
- 공통점 찾기

게임방식 : 모든 참가자가 모아 놓은 그림들 중에서(1번 게임 **난 이 그림이 좋아** 참조), 자기가 좋아하지 않는 그림을 하나 갖는다. 참가자들은 자기들이 그 그림을 고른 이유를 말하고, "나는 이 그림을 나쁜 요정의 모자에 던져 버릴 거야."라고 말하면서 그림을 방 가운데에 있는 모자에 던진다.

예 : "나는 우산이 싫어. 왜냐하면 비 오는 날씨를 떠오르게 하기 때문이야."

관련게임
2 : 달려가기 게임 ◆ 5 : 좋은 요정

*101가지 더 많은 생활기술 게임*에 있는 관련게임
17 : '나' 박물관

좋은 요정

준비물 : 잡지에서 오려 낸 그림(참가자 모두에게 충분할 정도의)

목표

- 고정관념 피하는 걸 배우기
- 긍정적인 점 강조하기
- 싫은 것 표현하기
- 변화를 받아들이는 것 배우기

게임방식 : 모든 참가자가 '나쁜 요정의 모자'로부터 그림을 하나 꺼낸다(4번 게임 **나쁜 요정의 모자** 참조). 각 참가자는 지난 게임에서 모자에 던져 넣은 카드의 부정적 이유를 기억해 내고 부정적인 것에 맞서는 긍정적 말로 극복한다. 참가자들이 이전 게임에서 사진을 나쁜 요정의 모자에 던진 부정적인 이유를 기억하기 어렵다면 그 사진을 모자에 던져 넣은 학생이 부정적인 이유를 말하고 난 다음에 현재의 게임 플레이어가 그 사진에 대한 긍정적인 말로 받아치도록 할 수 있다.

예 : "우산 그림은 어떤 사람에게 나쁜 날씨를 기억나게 했기 때문에 모자 속에 던져졌어. 하지만 우린 우산 아래서 아늑하게 있을 수 있어."

관련게임

7 : 내가 할 수 있는 걸 맞혀 봐 ◆ 56 : 알려 줘 제발 ◆ 86 : 얼어 버린 음악

난 할 수 있어,
난 할 수 없어

목표

- 자존감 향상하기
- 자기 개선의 여지를 알기
- 정직성 발달시키기
- 거짓 겸손 피하기
- 다른 사람의 장애에 대한 공감 발달시키기
- 집단을 믿는 것 배우기

게임방식 : 모든 참가자는 자신을 소개한다. 자신이 잘하는 것과 잘하지 못하는 것을 말한다.

예 : "내 이름은 필립이야. 난 그림을 잘 그리지만 수학은 잘 못해."

주의사항 : 이 게임은 아동들이 자신에 대해 더 균형 있는 시각을 가지도록 도울 수 있다. 자신이 잘하는 것이나 못하는 것만 말하고 싶어 하는 참가자가 있을 수 있다. 그러나 두 가지를 다 말해야 하는 것은 깨지면 안 되는 규칙이다. 모든 사람이 어떤 일에서는 다른 사람들보다 더 잘한다는 것을 기억하라.

생각해 볼 점

- 어떤 말이 여러분에게 더 쉬웠는가 – '난 할 수 있다'인가 '난 할 수 없다' 인가?
- 여러분은 자신 있다고 생각하는가?

- 자신감이 높은 사람을 알고 있는가?
- 어떻게 해야 여러분은 자신 있어지는가?
- 여러분이 어떤 것을 더 잘할 수 있는 방법은 무엇인가?

관련게임

7 : 내가 할 수 있는 걸 맞혀 봐 ◆ 27~32 : 너를 이해하기

◆ 33~40 : 너와 함께 작업하기 ◆ 45~51 : 협동 게임

◆ 52~56 : 새로 온 반친구 맞아들이기 ◆ 57~70 : 돕기 게임 ◆ 95 : 동화 서프라이즈

***101가지 더 많은 생활기술 게임*에 있는 관련게임**

13~21 : 나는 어떤 사람인가 ◆ 35~39 : 너를 받아들이기 ◆ 53 : 너는 나랑 같니?

◆ 60~66 : 통합 게임 ◆ 75 : 칭찬 대통령

7

내가 할 수 있는 걸
맞혀 봐

목표

- 사회적 인식 향상하기
- 시각적 인식 향상하기
- 자존감 발달시키기
- 거짓 겸손 피하기

게임방식 : 한 참가자가 자신이 잘할 수 있는 것을 팬터마임으로 보여 준다. 누구든지 이것이 무엇인지 알아맞힌다.

예 : 만약 한 학생이 자기가 재미있는 표정을 잘 지을 수 있다고 생각하면, 다른 참가자들이 "표정 짓기!"라고 말할 때까지 그것을 계속한다.

생각해 볼 점 : 말로 자신을 표현하는 것과 팬터마임으로 자신을 표현하는 것 중에서 더 쉬운 것을 찾아냈는가?

관련게임

6 : 난 할 수 있어, 난 할 수 없어 ◆ 8 : 방 관찰하기 ◆ 20~40 : 너 게임

◆ 78 : 평화의 말 ◆ 97~101 : 팬터마임 극

*101가지 더 많은 생활기술 게임*에 있는 관련게임

13~21 : 나는 어떤 사람인가 ◆ 35~39 : 너를 받아들이기 ◆ 60~66 : 통합 게임

◆ 80 : 대결

내가 관찰한 것

방 관찰하기

8

목표

- 감각을 예민하게 다듬기
- 집단결속 배우기
- 자기인식에 가치 두기
- 변화 알아차리기

게임방식 : 집단리더가 자신의 말로 말한다. "방에 들어올 때 모든 사람이 같은 것에 주목하지는 않습니다. 어떤 사람은 소음 수준, 조용함, 또는 특정 소리에 주목하고, 다른 사람은 냄새, 온도, 방에 있는 다른 사람들이나 물건에 주목합니다. 어떤 사람은 단 하나에 초점을 두고, 다른 사람들은 여러 가지를 볼 수 있습니다."

이제 집단리더는 참가자들에게 1분 동안 눈을 감고 있으라고 한다. 그러고 나서 눈을 뜬 후에, 참가자들은 눈을 감았을 때 주목한 것에 대해 돌아가며 말한다.

방에 대해 좋지 않은 것에 대해 말한 참가자들에게 그들이 더 좋게 느끼기 위해서 무엇이 변화될 수 있었는지를 묻는다. 만약 변화가 합리적이라면, 집단 리더는 가능한 한 빨리 변화시키는 걸 생각할 수 있다.

주의사항 : 방에 있는 분산요인은 작업과 놀이를 자주 방해한다. 우리는 특히 신 참자에게서 이것을 주목해야 한다. 다른 참가자나 토론에 집중할 수 있기 전에 그들은 먼저 방을 '받아들여야' 한다.

생각해 볼 점

- 이 방에서 여러분이 모르고 있는 것은 무엇인가?

- 어떤 것이 여러분에게 방이 편안하다고 느끼게 만드는가?
- 다른 방들이 여러분에게 무엇을 떠오르게 하는가?
- 이 방에서 무엇이 이루어질 수 있었는가?

역할극
- 새로운 성에 있는 공주
- 그 가족은 새로운 아파트나 집으로 옮길 생각을 하고 있다. 그 가족의 구성원들이 지금 좋아하지 않는 건 무엇인가? 미래에는 무엇이 달라져야 하는가?

관련게임
1~5 : 내가 좋아하는 것 ◆ 9 : 방의 ABCs ◆ 10 : 방 바꾸기

101가지 더 많은 생활기술 게임에 있는 관련게임
1~10 : 내가 느끼는 것 ◆ 33 : 좋아하는 장소 ◆ 56 : 교실 설계하기
◆ 60~66 : 통합 게임 ◆ 67~73 : 관계 게임 ◆ 78 : 다툼

방의 ABCs

준비물 : 알파벳의 단일 철자가 위에 써 있는 카드나 다른 아이템들

목표

- 시지각 향상하기
- 방과의 관계 확립하기

게임방식 : 집단리더는 손으로 쓴 카드나 나무에 새긴 철자를 사용해 집단에게 알파벳 철자를 무작위로 나누어 준다. 참가자들은 방에 있는 물건 중에서 그들이 받은 철자로 시작하는 물건의 이름을 쓴다.

변형

- 이 게임을 보물찾기 게임처럼 할 수 있다. 이런 변형에서는 참가자들은 자

신들의 목록을 활동지에 쓴 후에 서로 교환한다. 그리고 그들이 받은 새로운 활동지에 있는 물건을 찾는다.

- 참가자들은 그들의 이름을 위에서 아래 방향으로 수직으로 쓴다. 각 철자 뒤에 그 철자로 시작하는, 방 안에 있는 물건을 써넣는다.

예 : "Ben"

B blackboard, ball, book

E eraser, elbow, edge

N notebook, nail, number

주의사항 : 나무에 새긴 철자가 좋다. 그리고 카드가 종이로 만든 활동지보다 더 오래 쓸 수 있다. 그러나 종이 활동지도 참가자들이 잘 장식해서 교실에 걸어 놓을 수 있기 때문에 좋다.

관련게임

8 : 방 관찰하기 ◆ 10 : 방 바꾸기

***101가지 더 많은 생활기술 게임*에 있는 관련게임**

33 : 좋아하는 장소 ◆ 39 : 꼬투리 안의 콩알 두 개 ◆ 85∼90 : 동상과 조각하기 게임

방 바꾸기

목표
- 창의성 향상하기
- 시지각 향상하기
- 단체실(group room)에 대한 관계 발달시키기
- 유연성 발달시키기

게임방식 : 한 참가자가 방을 떠난다. 그리고 다른 사람들은 방의 어떤 것을 바꾼다. 나갔던 참가자가 돌아왔을 때 그 사람은 무엇이 바뀌었는지 찾아낸다.

생각해 볼 점
- 이 방에서 많은 것을 바꾸는 걸 어렵게 만드는 것은 무엇인가?
- 여러분이 자주 가는 장소에서 달라진 것이 눈에 띄었던 건 언제인가?
- 생소한 것은 여러분을 얼마나 두렵게 만드는가?

역할극
- 부모 역할을 하는 아동들은 그들이 아이들만 집에 두고 나온 뒤에 아파트가 어떻게 보였는지 다른 '성인들'에게 말한다.
- 아방가르드 인테리어 디자이너는 좀 이상한 걸 제안한다.
- 신혼부부가 자신들의 새 아파트에 들어가서 친구들이 가구를 재배치하거나 방을 풍선으로 채우는 것 같은 장난을 친 걸 발견한다.

관련게임

5 : 좋은 요정 ◆ 8 : 방 관찰하기 ◆ 11 : 이것으로 만들어진 것은 무엇일까?
  ◆ 28 : 네가 나를 조각해 ◆ 68 : 옮기기 도움 ◆ 84~92 : 동상과 조각하기 게임

101가지 더 많은 생활기술 게임에 있는 관련게임

33 : 좋아하는 장소 ◆ 40 : 놀라운 양손 펜 ◆ 85~90 : 동상과 조각하기 게임

이것으로 만들어진 것은
무엇일까?

목표

- 촉각적 인식 발달시키기
- 시지각 향상하기
- 짝을 만들고 팀으로 작업하는 능력 발달시키기
- 접촉하기

게임방식 : 집단은 나무나 플라스틱 또는 유리 같은 재료를 하나 고른다. 참가자들은 방 안을 걸어 다니며 가능한 한 그 재료로 만들어진 물건들을 많이 만진다. 만지는 건 그것을 가볍게 치기, 쓰다듬기, 손에 잡기, 누르기, 두들기기를 의미할 수 있다. 그 다음에 각 참가자는 그 재료로 만들어진 다른 물건들의 이름을 말한다.

변형

- 이 방에서 물이 있는 곳은 어디인가? (이런 변형은 좋은 관찰 기술을 필요로 한다.)
- 어떤 것이든 부드러운/작은/매끄러운/둥근 물건을 만지라!
- 원 안에 앉아서 반대되는 쌍의 이름을 말하라 : 벽은 거칠고, 창문은 매끄럽다 등.
- '달려가기' 게임 : 한 참가자가 "둥근" 같은 하나의 특성을 말한다. 각 참가자들은 방에 있는 둥근 물건으로 달려간다. 한 물건에 두 사람 이상이 갈수 있다(2번 게임 **달려가기 게임** 참조).
- 다음 제목으로 그림을 그리거나 낙서를 한다 : "둥근", "뾰족한", "물", "나무".

생각해 볼 점

● 여러분이 좋아하는 것은 어떤 재료, 모양, 색깔, 표면인가?

관련게임

12 : 미스터리 전달 ◆ 17 : 소리를 분리해서 말하기 ◆ 27~32 : 너를 이해하기

◆ 39 : 쌍둥이 ◆ 57~70 : 돕기 게임 ◆ 87 : 동상 쌍

◆ 93 : 나쁜 뉴스와 좋은 뉴스 ◆ 94 : 동화 인물

*101가지 더 많은 생활기술 게임*에 있는 관련게임

5 : 기분 그리기 ◆ 20 : 성격의 조각 ◆ 21 : 도움 요청 ◆ 35~39 : 너를 받아들이기

◆ 53 : 너는 나랑 같니? ◆ 54 : 우리는 닮았어

12

미스터리 전달

준비물 : 주위에 전달할 다양한 물건들

목표

- 촉각적 인식 발달시키기
- 진정시키기
- 집중 향상하기

게임방식 : 집단리더와 참가자들은 안쪽을 보며 원모양으로 앉는다. 집단리더는 등 뒤로 왼쪽에 앉은 옆사람에게 하나씩 다른 물건을 건네 준다. 각 참가자가 보지 않고 등 뒤에서 다음 사람에게 전달하는 동안 미스터리 물건은 원 주위를 '이동'한다. 그 물건을 전달하기 전에 참가자는 자기 오른쪽에 있는 사람(그들에게 물건을 전달해 준 사람)의 귀에 대고 그 물건이 무엇이라고 생각하는지 귓속말로 알려 준다.

예

- 뚜껑을 따지 않은 물이 든 깡통
- 작은 쌓기(집 짓기) 블록
- 공깃돌 세 개

변형

- 기하도형, 나무로 만든 글자들
- 향수병

주의사항 : 원 주위로 물건을 전달하는 것은 연결을 만드는 간단한 방식이다. 참

가자들은 그들의 이웃과 접촉할 뿐만 아니라 반대편에 앉아 있는 참가자도 주의해서 본다 : 그들의 얼굴표정, 얼마나 능숙한지 서투른지. 이러한 '조용한 활동(silence exercise)'은 집단을 진정시키고 집중하는 걸 돕는다.

관련게임

13 : 한 번에 한 조각 ◆ 20 : 이름 전달하기 ◆ 33~40 : 너와 함께 작업하기
◆ 41~44 : 집단 워밍업 게임 ◆ 45~51 : 협동 게임 ◆ 78 : 평화의 말
◆ 82 : 뱀파이어 ◆ 97~101 : 팬터마임 극

***101가지 더 많은 생활기술 게임*에 있는 관련게임**

11 : 브레인스톰 ◆ 25 : 집잽 이름들 ◆ 40~45 : 너와 함께 작업하기
◆ 47 : 이름 사슬 ◆ 51 : 구피 게임 ◆ 52~59 : 협동 게임

한 번에 한 조각

준비물 : 아주 적은 수로 이루어진 퍼즐

목표

- 시지각 향상하기
- 접촉하기
- 진정시키기
- 집중력 발달시키기

게임방식 : 게임리더는 퍼즐 조각을 하나씩 주위로 전달한다. 참가자들은 퍼즐 조각들을 보고 나서 모든 사람이 퍼즐 조각을 다 볼 때까지 말없이 전달한다. 참가자들 모두가 그 퍼즐 조각들을 합치면 무엇이 될 거라고 생각하는지를 말한다. 그런 다음 원 중앙에 퍼즐 조각들을 맞추어 놓고 누가 올바르게 생각했는지 알아본다.

변형

- 집단리더는 차례로 돌아온 퍼즐과 함께 완성된 퍼즐 여러 개를 바닥에 놓는다. 참가자들은 어느 퍼즐이 차례로 돌아온 것인지 맞혀 본다.
- 한 퍼즐이 차례로 돌아온 다음에 다른 퍼즐 조각 여러 개를 바닥에 함께 놓는다. 어느 퍼즐 조각이 차례로 돌아온 것에 속하는가?

생각해 볼 점 : 조각들을 맞출 수 있기 위해서 일부 참가자들은 각 퍼즐 조각을 떠오르게 하는 단어들을 기억하고, 다른 사람들은 조각의 모양을 기억하려고 했고, 다른 사람들은 마음속에 개별 이미지로 이루어진 '사진을 찍으려고' 시도했다고 말한다. 여러분은 어떻게 했는가?

관련게임

8∼19 : 내가 관찰한 것 ◆ 27∼32 : 너를 이해하기 ◆ 76 : 탐정
◆ 97∼101 : 팬터마임 극

*101가지 더 많은 생활기술 게임*에 있는 관련게임

32 : 여러분이 어떤지 보세요

귀로 보기

준비물 : 고무공 하나

목표
- 청지각 향상하기
- 사람들이 소리를 지각하는 방식에서의 차이 인식하기

게임방식 : 집단리더는 단단한 고무공을 떨어뜨린다. 집단의 반수는 눈을 감고 소리를 듣고서 그 공이 얼마나 높은 데서 뛴 것인지 추측한다. 그들은 손으로 높이를 표시한다. 더 이상 어떤 소리도 들리지 않을 때, 그들이 마지막으로 들은 소리가 들려온 방향을 손으로 가리킨다. 관찰하고 있는 반수의 사람들은 자신들이 관찰한 것에 대해 생각해 본다.

생각해 볼 점 : 참가자들의 손이 보여 준 지각에서의 차이는 우리에게 무엇을 보여 주는가? 이 게임은 우리는 감각을 항상 믿을 수 있는 게 아님을 상기시킨다.

관련게임
8~19 : **내가 관찰한 것** ◆ 27~32 : **너를 이해하기** ◆ 61 : **도와 달라고 외치기**
◆ 67 : **악어의 눈물** ◆ 75 : **공손한 야생동물** ◆ 79 : **루머**

소음을 분리해서 말하기

준비물 : 소음을 낼 수 있는 10가지 물건

목표
- 청지각 향상하기
- 청기억 발달시키기
- 우리가 학습하는 방식 이해하기

게임방식 : 집단리더는 집단 원의 중앙에 10개 물건을 둔다. 참가자들은 눈을 감는다. 리더는 6개 물건으로 소리를 낸다. 참가자들이 눈을 뜨고 어떤 물건이 소리를 내는 데 사용되었는지 맞혀 본다.

생각해 볼 점

- 여러분이 들은 소리 모두가 쉽게 확인될 수 있는 게 아니다. 또한 여러분은 여러분이 들은 것 모두를 기억할 수도 없다. 무엇이 지각하고, 기억하고, 학습하는 것을 좌우하는가?
- 만약 연습을 한다면 이 게임을 잘하게 될 수 있을까?

역할극

- 목격자가 범죄 장면에서 들은 소리가 무엇인지 경찰에게 말한다. 경찰은 말해진 소리에 근거해 어떤 일이 일어났는지 생각해 내려고 한다.
- 소음으로 즉석 연주 : "유령이 출몰하는 성"

관련게임

14 : **귀로 보기**와 이 게임에서 제시된 관련게임 모두 ◆ 17 : **소리를 분리해서 말하기**

16

좋아하는 악기가 연주되면 일어나라

준비물 : 여러 개의 타악기와 리듬악기

목표

- 청지각 향상하기
- 자기가치 기르기

게임방식 : 원의 중앙에 봉고, 탬버린, 트라이앵글, 셰이커, 철금 같은 여러 개의 타악기와 리듬악기가 있다. 원 안에 있는 모든 참가자가 자신들이 좋아하거나 좋아할 것 같다고 생각하는 소리를 내는 악기의 이름을 말한다. 그런 다음 하나씩 모든 악기를 연주해 본다. 만약 악기의 소리가 좋다면 일어선다.

생각해 볼 점 : 만약 여러분이 한 가지 악기에 이미 익숙한 것이 아니라면, 실제 소리는 여러분이 그 악기가 낼 것이라고 생각했던 소리와 달랐는가?

관련게임

1~5 : 내가 좋아하는 것 ◆ 15 : 소음을 분리해서 말하기

◆ 17 : 소리를 분리해서 말하기 ◆ 27~32 : 너를 이해하기

***101가지 더 많은 생활기술 게임*에 있는 관련게임**

1~10 : 내가 느끼는 것 ◆ 13~21 : 나는 어떤 사람인가 ◆ 34 : 그림 선물

소리를 분리해서 말하기

준비물 : 한 사람을 뺀 모든 참가자를 위한 타악기와 리듬악기, 적을 수 있는 칠판이나 이젤패드 하나

목표

- 청지각 향상하기
- 음향의 질 확인하기
- 공격성 감소시키기
- 집단 워밍업

게임방식 : 다음의 특성들을 칠판에 적는다 : 소리가 큰, 조용한, 밝은, 어두운, 금속성의, 리듬이 있는, 부드러운, 공격적인. 한 사람을 제외한 모든 참가자는 악기를 하나씩 갖고 칠판을 보고 선다. 악기를 갖지 않은 참가자는 칠판을 등지고 선다. 집단리더가 앞의 특성들 중에서 하나를 가리키면 참가자들은 악기를 사용해서 반응한다. 30초 후에 악기를 가지지 않은 참가자가 다른 사람들이 의미한 특성이 무엇인지 알아맞힌다.

생각해 볼 점 : 여러분이 가장 연주하기 좋아하는 특성은 무엇인가?

관련게임

***101가지 더 많은 생활기술 게임*에 있는 관련게임**

소리 특성을 수집하기

준비물 : 참가자의 절반이 사용할 타악기와 리듬악기, 필기할 종이와 펜/연필

목표

- 청지각 향상하기
- 음향의 질 확인하기
- 접촉하기
- 창의성 향상하기

게임방식 : 집단 구성원 중 반은 악기를 갖는다. 각자 자신의 악기로 표현하고 싶은 소리 특성에 대해 생각하고 이 특성을 여러 조각의 종이에 쓴다. 그리고 모든 게임 참가자가 동시에 자신들의 소리 특성을 연주한다. 악기가 없는 게임 참가자들은 한 연주자의 옆에서 그들이 연주하는 소리 특성이 무엇인지 알아맞힌다. 만약 바로 알아맞히면 그 소리 특성에 대해서 쓴 종이 조각을 갖는다. 악기가 없는 게임 참가자들이 추측을 끝낸 후에는 악기를 가진 게임 참가자들과 역할을 바꾸어 같은 게임을 반복한다.

예

- 거친
- 부드러운
- 리드미컬한
- 큰 소리

관련게임

17 : **소리를 분리해서 말하기**와 이 게임에서 제시된 관련게임 모두

◆ 19 : **노래 기억**

내가 관찰한 것

노래 기억

준비물 : 한 사람을 제외한 모든 사람이 사용할 타악기와 리듬악기

목표

- 파트너십 발달시키기
- 집단 만들기 배우기
- 청지각 향상하기
- 접촉하기
- 창의성 향상하기

게임방식 : 한 사람이 알아맞히는 사람으로 선택되어서 방에서 나간다. 다른 참가자들은 짝을 지어 노래나 동요를 하나 고르고 같이 콧노래를 시작한다. 각각의 쌍은 같은 노래를 콧노래로 부르면서 떨어져서 방의 다른 부분으로 걸어간다. 알아맞히는 사람이 방으로 돌아와서 다시 짝을 지어 준다.

생각해 볼 점

- 여러분은 어떻게 짝이 되었는가?
- 자기 파트너에게 맞추어야만 하는 사람은 누구인가?

변형 : 4명 혹은 8명으로 된 더 큰 집단들을 만들라.

관련게임

18 : 소리 특성을 수집하기 ◆ 27~32 : 너를 이해하기 ◆ 33~40 : 너와 함께 작업하기
◆ 45~51 : 협동 게임 ◆ 53 : 집단 만들기 게임 ◆ 77 : 프론트 라인 ◆ 87 : 동상 쌍
◆ 93 : 나쁜 뉴스와 좋은 뉴스

*101가지 더 많은 생활기술 게임*에 있는 관련게임

8 : 무드 음악 ◆ 40～45 : 너와 함께 작업하기 ◆ 52～59 : **협동 게임** ◆ 79 : 전쟁춤

너 게임

이름 전달하기

목표

- 친해지기
- 접촉하기
- 신뢰 얻기
- 비밀 다루기

게임방식 : 원으로 둘러앉는다. 집단리더는 집단 구성원 한 사람의 이름을 자기 왼쪽에 앉은 사람에게 귓속말로 속삭인다. 그 이름은 이름의 주인에게 올 때까지 같은 방식으로 전달된다. 자기 이름을 들은 사람은 자신의 이름을 큰 소리로 말한다. 이제 그가 다른 이름을 원으로 돌아가게 말할 차례다.

주의사항 : 이 게임에서는 속삭인 단어가 "전화" 게임에서처럼 혼동되어서는 안 된다. 만약 정확하게 듣지 못했으면 반복해서 그 단어를 말한다. 아동들은 신비 와 비밀을 좋아한다. 다른 사람의 귀에 속삭이는 것은 신비하고 친근한 부분이 있다.

생각해 볼 점

- 이 게임에서는 비밀이 전달된다. 만약 전달된다면 그건 여전히 비밀인가?
- 비밀이 여러분에게 도달할 때까지 기다리는 건 어떤 느낌인가?
- 여러분은 다른 사람이 지켜 달라고 한 비밀을 말한 적이 있는가?
- 여러분은 어떤 사람이 비밀을 지킬 거라고 믿었는데 그 사람이 여러분이 그 비밀을 모르길 바랐던 사람에게 말한 적이 있는가? 그 일은 여러분에게 어떤 기분을 느끼게 했는가?

관련게임

1~5 : 나 게임 ◆ 21 : 이름 퍼즐 ◆ 41~44 : 집단 워밍업 게임
◆ 52~56 : 새로 온 반친구 맞아들이기

_101가지 더 많은 생활기술 게임_에 있는 관련게임

22~34 : 너를 알아 가기 ◆ 29 : 일회성 비밀 ◆ 46~51 : 집단 워밍업 게임
◆ 63 : 맹인 집단 ◆ 64 : 맹인 연합

이름 퍼즐

준비물 : 필기할 종이와 펜/연필

목표

- 친해지기
- 접촉하기

게임방식 : 게임 참가자 모두 종이 조각에 자기 이름을 대문자로 하나씩 쓴다. 그리고 덧붙여서 퍼즐처럼 만들 수 있는 이름을 가진 사람을 찾는다.

예 : Maria

```
          J   L
      T H O M A S
          S   T
      E R I C A
          S
          H   M
    M A R I A
          N   D
      A H M A D   M
            V A N E S S A
      G I N   I
          D
```

관련게임

20 : **이름 전달하기**와 이 게임에서 제시된 관련게임 모두 ◆ 22 : **이름 모으기**

22

이름 모으기

준비물 : 쓰고 그리는 데 사용할 종이, 연필, 펜, 크레용, 마커

목표

- 친해지기
- 접촉하기

게임방식 : 게임 참가자 모두 종이에 자기 이름을 창의적 방식으로 쓴다. 그리고 가능한 한 많은 사람에게 이름을 물어서 그 종이에 이름을 적어 넣는다.

예

- 색깔 있는 글자로
- 무지개 색깔로
- 작고, 크게
- 굵게
- 무질서한 유형으로

관련게임

21 : **이름 퍼즐**과 이 게임에서 제시된 관련게임 모두 ◆ 23 : **자필서명책**

자필서명책

준비물 : 종이와 펜(다른 색깔의 잉크를 넣은)

목표

- 친해지기
- 접촉하기
- 이름 기억하기

게임방식 : 이 게임은 아직 서로를 모르는 아동들이 하도록 고안된 것이다. 참가자마다 가능한 한 다른 색깔의 종이와 펜을 갖는다. 모든 참가자는 주위를 걸어 다니면서 6명에게 자필서명을 받는다. 참가자들은 자필서명과 일치하는 얼굴을 기억하려고 노력해야 한다. 왜냐하면 6명의 자필서명을 일단 받고 난 후 6개 이름 중 그들이 기억하는 두 사람을 찾아야 하기 때문이다. 일단 각 참가자가 두 사람을 찾으면, 그들 각각은 나머지 집단에게 자신의 두 참가자를 돌아가며 소개한다.

관련게임

22 : 이름 모으기 ◆ 24 : 이름 만들기

24

너를 알아 가기

이름 만들기

준비물 : 필기할 종이와 펜/연필

목표

- 이름 알기
- 집단구성원의 이름을 어떻게 쓰는지 배우기
- 초기 접촉을 촉진하기

게임방식 : 모든 참가자는 작은 종이 조각에 자기 이름을 대문자로 쓴다. 그 밑에 각 참가자들이 자기 이름에 있는 글자 수만큼 빈칸을 덧붙인다. 각 참가자는 이 종이를 왼쪽에 앉아 있는 사람에게 전달한다. 종이를 받은 사람은 자기 이름의 첫 글자를 첫 번째 빈칸에 써넣고 옆으로 전달한다. 다음 사람은 두 번째 칸에 자기 이름의 두 번째 글자를 써넣고 옆으로 전달한다. 이런 식으로 계속하여 이름이 다 채워질 때까지 종이를 전달한다. 마지막 글자를 써넣은 참가자는 종이에 이름을 쓴 사람에게 종이를 돌려준다.

관련게임

23 : **자필서명책**과 이 게임에서 제시된 관련게임 모두 ◆ 25 : **거울 이름**

너를 알아 가기

거울 이름

준비물 : 트레이싱 페이퍼, 필기할 펜/연필, 테이프

목표

- 접촉 촉진하기
- 친해지기

게임방식 : 이 게임은 아직 서로 알지 못하는 아동들에게 아주 좋다. 모든 참가자는 트레이싱 페이퍼에 자신의 이름을 대문자로 쓴다. 그리고 이름이 거울로 보여지는 것처럼 등에 붙여 달라고 참가자에게 부탁한다. 모든 참가자는 주변을 걸어 다니며 서로 만나 친근하게 등을 다독이면서 이름을 말하며 인사한다.

변형 : 모두가 서로의 이름을 알고 있는 집단에는 각 참가자들이 별명이나 가명 -유명인의 이름-을 선택할 수 있다.

관련게임

24 : **이름 만들기**와 이 게임에서 제시된 관련게임 모두

◆ 26 : **내 오른쪽 자리가 비었어요(트위스트를 추며)**

너를 알아 가기

26

내 오른쪽 자리가 비었어요 (트위스트를 추며)

준비물 : 참가자들 수보다 한 개가 더 많은 의자

목표

- 접촉 촉진하기
- 친해지기
- 요청의 형태를 시도하기
- 집단으로의 통합 향상하기

게임방식 : 이 게임은 원으로 의자를 놓는데 인원수보다 하나를 더 놓는다. 빈 의자의 왼쪽에 앉은 사람이 말을 한다. "내 오른쪽 자리가 비었어. 나는 제이크가 여기에 앉았으면 좋겠어." 제이크가 그 의자에 앉으면 제이크가 앉아 있던 의자가 비게 된다. 그 의자의 왼쪽에 앉은 사람이 다른 사람에게 자기 오른쪽 빈 의자에 앉으라고 요청한다.

변형 : 이 버전은 참가자가 새로운 이웃에게 여러 방식으로 요청한다 : 간청한다, 두목처럼 지시한다, 애처롭게 요청한다, 간절히 요청한다.

예

- "만약 리사 네가 내 옆에 앉는다면 좋을 텐데… 제발!"
- "리사, 즉시 이리 와!"

관련게임

1~5 : 내가 좋아하는 것 ◆ 20~40 : 너 게임 ◆ 41~44 : 집단 워밍업 게임 ◆ 45~51 : 협동 게임 ◆ 52~56 : 새로 온 반친구 맞아들이기 ◆ 63 : 난 우물에 빠졌어 ◆ 65 : 오빠, 도와줘! 언니, 도와줘!

***101가지 더 많은 생활기술 게임*에 있는 관련게임**

20 : 성격의 조각 ◆ 22~45 : 너 게임 ◆ 46~51 : 집단 워밍업 게임 ◆ 52~59 : 협동 게임 ◆ 64 : 맹인 연합 ◆ 67~73 : 관계 게임

나는 나와 같은
사람을 만났다

준비물 : 필기할 종이와 펜/연필

목표

- 관계 이루기
- 비슷한 점 찾기

게임방식 : 각 참가자는 종이에 자신의 손과 발의 윤곽을 그린 후에 그 종이에 이름을 쓴다. 그리고 참가자들이 그린 모든 종이를 바닥에 놓는다. 바닥에 있는 종이에서 자신의 손과 발 크기와 맞는 손과 발 그림을 찾은 참가자들은 그 그림 안에 자기 이름을 적는다.

주의사항 : 이 게임은 신체적 차이를 강조하므로 특정 집단의 참가자들에게는 적합하지 않을 수 있다.

관련게임

1~5 : 내가 좋아하는 것 ◆ 28 : 네가 나를 조각해 ◆ 33~40 : 너와 함께 작업하기
◆ 50 : 줄다리기

28

너를 이해하기

네가 나를 조각해

목표

- 신체접촉에 대한 두려움 줄이기
- 파트너에 대한 신뢰 쌓기
- 민감하게 상호작용하기
- 의사소통 향상하기
- 공격성 다루기

게임방식 : 이 파트너 훈련에서는 한 참가자가 조각가이고 다른 사람은 조각되는 찰흙이다. 조각가는 찰흙을 사람, 식물, 동물, 또는 다른 것으로 조각한다. 이 게임은 소리를 내지 않는 게임이다. 왜냐하면 찰흙은 말을 할 수 없기 때문이다. 마지막에 찰흙은 자기가 무엇으로 조각되었는지 추측한다.

변형

- 참가자들이 역할을 바꾼다. 이제 찰흙은 완전히 똑같은 조각을 만든다.
- 집단리더나 파트너가 조각가에게 눈사람, 허수아비, 기사, 팝스타, 마네킹처럼 특수한 것을 만들라고 주문한다.

역할극 : 다루기 어려운 (단단한) 조각은 디자인을 계속 망가뜨린다.

관련게임

27 : 나는 나와 같은 사람을 만났다 ◆ 29 : 네가 나를 비춰 ◆ 33~40 : 너와 함께 작업하기 ◆ 45~51 : 협동 게임 ◆ 57~70 : 돕기 게임 ◆ 71 : 정글 속 동물 ◆ 84~92 : 동상과 조각하기 게임

101가지 더 많은 생활기술 게임에 있는 관련게임

40~45 : 너와 함께 작업하기 ◆ 85~90 : 동상과 조각하기 게임 ◆ 94 : 그림자 놀이

네가 나를 비춰

준비물 : 배경음악(선택사항)

목표
- 민감성 발달시키기
- 파트너십 발달시키기
- 시지각 향상하기
- 의사소통 향상하기

게임방식 : 두 명이 세 발자국 정도 떨어져서 서로 마주 보며 선다. 한 사람이 부드러운 음악에 맞춰 팔을 천천히 작게 움직이기 시작한다. 다른 사람은 마치 거울처럼 움직임을 따라 한다. 이제 두 사람은 다리도 움직인다. 두 사람 모두 서로에게서 눈을 떼지 않고 몸을 구부리거나 앉는다. 이제 그들은 서로 역할을 바꾼다. 그리고 "생각해 볼 점"은 파트너가 모방했던 움직임을 하게 한다.

변형
- 참가자들은 파트너의 움직임 방향과는 반대인 옆방향이나 뒤쪽으로 움직인다(즉 만약 한 사람이 오른쪽으로 움직이면 다른 사람은 왼쪽으로 움직인다).
- 한 참가자가 전체 집단을 지휘한다.

주의사항 : 게임이 성공하기 위해서는 슬로모션 움직임이 핵심이다. 느리게 움직이지 않으면 파트너가 따라 할 수 없다.

생각해 볼 점

- 어느 쪽이 더 재미있는가 – 리더인가 따라 하는 사람인가?
- 누가 리더가 될 것인지 여러분이 동의하지 않는다면 어떤 일이 일어나는가?

관련게임

28 : **네가 나를 조각해**와 이 게임에서 제시된 관련게임 모두 ◆ 30 : **네가 나를 그려**

너를 이해하기

네가 나를 그려

준비물 : 그림을 그릴 종이와 펜/연필

목표

- 시각적 인식 향상하기
- 접촉하기
- 짝 만들기
- 관찰하는 것 배우기

게임방식 : 집단을 쌍으로 나눈다. 두 참가자가 종이와 펜을 가지고 서로 마주
보고 앉거나 선다. 두 사람은 종이를 보지 않고 상대방을 보면서 서로의 모습을
그린다. 그림을 다 그렸을 때 자기 파트너의 이름을 쓴다. 이제 모든 초상화를
걸어 놓고 그것들을 감상한다.

생각해 볼 점

- 여러분 파트너가 그렇게 가까이 쳐다볼 때 여러분은 거북함을 느꼈는가?

- 여러분이 그림을 그리고 있을 때, 그렇게 가까이 보지 않았다면 놓쳐 버렸을 파트너의 어떤 점을 알아챘는가?

관련게임

7 : 내가 할 수 있는 걸 맞혀 봐 ◆ 29 : 네가 나를 비춰 ◆ 31 : 네가 나를 움직여

네가 나를 움직여

준비물 : 집단의 절반이 앉을 수 있는 의자, 배경음악(선택사항)

목표

- 신뢰 발달시키기
- 민감한 행동 발달시키기

게임방식 : 집단을 쌍으로 나눈다. 한 사람이 의자에 앉고 파트너는 손끝으로 의자에 앉은 사람을 잡고 그 사람 앞에 선다. 배경음악에 맞추어 서 있는 파트너는 자기 파트너의 팔을 대칭으로 움직인다. 앉아 있는 파트너는 다른 방식으로 움직임을 경험하려고 시도한다 : 눈을 뜨고, 눈을 감고, 늘어진 팔로, 팔을 뻣뻣하게, 무거운 팔로, 가벼운 팔로, 저항하면서, 저항 없이.

얼마 후에 참가자들은 위치를 바꾼다.

주의사항 : 이 게임은 많은 신뢰를 요구한다. 이 게임은 워밍업 게임 다음에 해야만 한다. 그리고 집단리더는 잘 지내는 참가자들끼리 파트너가 되도록 해야 한다.

관련게임

8~19 : **내가 관찰한 것** ◆ 28 : **네가 나를 조각해**와 이 게임에서 제시된 관련게임 모두 ◆ 30 : **네가 나를 그려** ◆ 32 : **설상가상으로** ◆ 33~40 : **너와 함께 작업하기**

설상가상으로

목표

- 촉지각 발달시키기
- 민감성 발달시키기
- 파트너와의 신뢰 발달시키기
- 이완하기

게임방식 : 파트너 중 한 사람이 손을 내민다. 다른 사람은 그 사람의 손을 사용하여 파트너 손에 폭풍을 흉내 내어 여러 날씨 효과를 만든다 : 이슬비, 빗방울, 호우, 강설, 눈보라, 해일. 잠시 후 태양이 등장하고 천둥을 수반한 폭풍우는 멈춘다. 파트너와 위치를 바꾼다.

변형 : 음악의 박자에 맞춰 접촉한다.

주의사항 : 이 게임은 파트너 모두에게 매우 큰 신뢰를 요구한다. 만약 두 참가자 모두 이런 종류의 게임을 해 보았다면 서로를 잘 아는 게 반드시 필요한 건 아니다.

관련게임

11 : 이것으로 만들어진 것은 무엇일까? ◆ 12 : 미스터리 전달 ◆ 31 : 네가 나를 움직여 ◆ 33~40 : 너와 함께 작업하기 ◆ 45 : 의자에 함께 앉기 ◆ 52 : 일어나! ◆ 57~70 : 돕기 게임 ◆ 71 : 정글 속 동물 ◆ 82 : 뱀파이어 ◆ 91 : 사진을 연기하기

*101가지 더 많은 생활기술 게임*에 있는 관련게임

40~45 : 너와 함께 작업하기 ◆ 64 : 맹인 연합

눈으로 계속 바라보기

목표

- 눈맞춤 유지하기
- 파트너십 발달시키기
- 사려 깊어지기

게임방식 : 게임 참가자들은 쌍을 만든다. 그리고 모든 사람은 방을 걸어 다니며 파트너와 적어도 4야드(약 3.6미터) 떨어진다. 다른 쌍들이 그들을 방해하더라도 자신의 파트너와 눈맞춤을 절대로 놓치면 안 된다.

변형 : 때때로 집단리더는 "눈을 감고 서로를 찾아보세요."라고 말한다. 참가자들은 소리 없이 또는 서로 돕기 위해 소리치면서 눈을 감고 서로를 향해 걸어간다(서로 동의한 바에 따라).

관련게임

19 : **노래 기억** ◆ 27~32 : **너를 이해하기** ◆ 34 : **손잡기**

◆ 41~44 : **집단 워밍업 게임** ◆ 57~70 : **돕기 게임**

너와 함께 작업하기

손잡기

준비물 : 필기할 종이와 펜/연필

목표

- 협력 배우기
- 통합 배우기
- 파트너에게 의지하기

게임방식 : 각 참가자는 통상적으로 두 손이 필요한 활동을 생각해서 그것을 짧은 문장으로 쓴다. 그 활동은 실내에서 할 수 있는 것이어야 한다.

이제 종이를 뒤섞고 참가자들은 쌍을 만든다. 각각의 쌍은 무더기에서 하나의 종이 조각을 가진다. 모든 파트너는 한 손은 뒤로 돌리고 다른 한 손만 자유롭게 둔다. 이제 그들은 종이에 쓰인 과제를 자신들의 자유로운 손을 함께 사용해서 수행한다. 그리고 모든 파트너는 그들이 할 다른 과제를 고른다.

예

- 병뚜껑 열기
- 신발끈 묶고 풀기
- 접시 닦기
- 비누로 손 씻기
- 손뼉치기

관련 게임

33 : **눈으로 계속 바라보기**와 이 게임에서 제시된 관련게임 모두

◆ 35 : **막대기 함께 집어 올리기** ◆ 45~51 : **협동 게임**

너와 함께 작업하기

막대기 함께
집어 올리기

준비물 : 필기할 종이와 펜/연필

목표

- 협동 배우기
- 어떤 일을 빨리 하면서 협동하는 것 배우기
- 의지하는 것 경험하기

게임방식 : 집단리더는 방 안에 아이스캔디 막대기나 비슷한 물건을 많이 흩어 놓는다. 참가자들은 짝을 지어 서로 손을 잡는다. 신호에 따라 쌍들은 서로 손을 놓지 않고 가능한 한 많은 막대기를 모은다.

생각해 볼 점 : 우승한 사람들은 어떻게 해서 많은 막대를 모았는가?

관련게임

33 : **눈으로 계속 바라보기**에서 제시된 관련게임 모두 ◆ 34 : **손잡기**
◆ 36 : **세계신기록**

세계신기록

목표

- 협동 배우기
- 통합 배우기

게임방식 : 참가자들은 짝을 만든다. 각 쌍은 20분 동안 기록을 세우고 집단에게 기록에 대해 말한다. 달성한 것은 간단하고 별난 것일 수 있다.

예

- 공을 던지고 잡기
- 프리스비를 떨어뜨리지 않고 원반 던지기 놀이 하기
- 멈추지 않고 등 짚고 뛰어넘기
- 외바퀴 손수레*로 장거리 기록하기
- 가장 높은 블록 탑 쌓기

주의사항 : 이 게임은 혼자서는 할 수 없는 달성에 대한 것이다. 이 게임은 다른 사람과의 비교와 경쟁에 대한 게 아니다. 더 다양하고 창의적인 기록을 시도할 수록 짝은 서로 경쟁을 시작하는 게 적어질 것이다.

관련게임

33 : **눈으로 계속 바라보기**에서 제시된 관련게임 모두 ◆ 35 : **막대기 함께 집어 올리기** ◆ 37 : **댄스 파트너** ◆ 45∼51 : **협동 게임**

---

* 역주 : 한 사람이 물구나무를 서서 걸으면, 또 한 사람이 다리를 받쳐 주는, 2인 1조의 경기

댄스 파트너

준비물 : 배경음악(선택사항)

목표

- 협동 배우기
- 리드하기와 따르기
- 다른 사람에 대한 배려 발달시키기
- 신뢰 발달시키기
- 음악 경험하기
- 가까움과 멂 경험하기
- 워밍업하기

게임방식 : 네가 나를 비춰(29번 게임)에서처럼 파트너는 서로의 움직임을 모방하려 시도한다. 하지만 이 게임에서는 춤추는 사람들이 미리 누가 움직임을 결정할지를 정하지 않는다. 그들이 움직이는 방식은 자주 바꾸어야만 한다. 각 파트너는 상대의 움직임에 맞추어야 한다.

변형 : 한 참가자는 댄서이고 다른 사람은 연주자여서 파트너의 춤 움직임에 자신의 연주를 맞춘다. 여러 명의 댄서가 있을 때는 댄서들이 서로의 춤을 통합하려고 노력해야 하며, 연주자들도 마찬가지로 자신들의 연주를 맞추어야 한다.

관련게임

36 : **세계신기록** ◆ 38 : **손뼉치기 놀이** ◆ 41~44 : **집단 워밍업 게임**

◆ 45~51 : **협동 게임** ◆ 57~70 : **돕기 게임** ◆ 72 : **줄다리기** Ⅱ

101가지 더 많은 생활기술 게임에 있는 관련게임

22~34 : 너를 알아 가기 ◆ 40~45 : 너와 함께 작업하기 ◆ 46~51 : 집단 워밍업 게임

◆ 52~59 : 협동 게임 ◆ 60~66 : 통합 게임

손뼉치기 놀이

목표

- 협동 배우기
- 과제 완수하기
- 창의성 향상하기
- 통합 배우기

게임 방식 : 두 참가자는 서로 마주 보며 의자에 앉는다. 그들은 "메리는 작은 양이 있어요"처럼 두 사람 모두 알고 있는 리듬을 암송한다.

리듬을 암송하는 동안 각 박자마다 참가자들은 자신의 손뼉 치고, 허벅지 치고, 손뼉 치고, 허벅지 치고를 계속 번갈아 한다. 두 참가자 모두 동시에 이 연습을 한다. 다음번에는 파트너와 손뼉을 친다.

그들은 자신의 허벅지를 치고 다음에 파트너와 손뼉을 친 다음 다시 자신의 허벅지를 치는 것을 계속한다. 참가자들은 다른 경험을 해 보기 위해 여러 번 파트너를 바꾼다. 새 파트너와는 새로운 손뼉치기 변형을 만들거나 새 파트너가 자신들의 변형을 보여 줄 수 있다. 참가자들은 그들의 오른손끼리 왼손끼리 함께 치는 새로운 손뼉치기 변형을 만들어 본다.

변형 : 의미 없는 리듬을 만들고 그 박자에 맞추어 손뼉을 쳐 본다.

생각해 볼 점

- 어떤 파트너가 손뼉치기가 더 쉬웠는가?
- 어떤 종류의 리듬이 여러분에게 가장 재미있었는가?

관련게임

37 : **댄스 파트너**와 이 게임에서 제시된 관련게임 모두 ◆ 39 : **쌍둥이**

39

쌍둥이

목표

- 협동 배우기
- 시지각 향상하기
- 사회적 인식 향상하기
- 파트너십 발달시키기

게임방식 : 한 사람 또는 여러 명의 참가자들이 몇 분 동안 방에서 나가 있는다. 다른 참가자들은 쌍둥이 짝을 만든다. 그들은 자신과 가장 비슷한 파트너를 찾으려고 노력한다. 또는 같이 시작할 사람과 비슷해 보이지 않는다 해도 그들은 외모를 바꾸어 다른 참가자와 공통된 점을 가질 수 있다. 스웨터나 재킷을 교환하는 게 도움이 된다. 이제 모든 참가자가 방을 걸어 다닌다. 밖으로 나갔던

참가자들을 방 안으로 들어오라고 해서 누가 쌍둥이인지 맞혀 보라고 한다. 확인된 쌍둥이들은 서로 손을 잡는다.

예

- 쌍둥이 둘 다 모두 바지 한쪽을 말아 올린다.
- 쌍둥이 둘 다 모두 손을 주머니에 넣는다.

관련게임

38 : **손뼉치기 놀이** ◆ 31~44 : **집단 워밍업 게임** ◆ 40 : **페어볼** ◆ 45~51 : **협동 게임**
◆ 76 : **탐정** ◆ 78 : **평화의 말** ◆ 84~92 : **동상 게임과 조각하기 게임**
◆ 97~101 : **팬터마임 극**

***101가지 더 많은 생활기술 게임*에 있는 관련게임**

35~39 : **너를 받아들이기** ◆ 40~45 : **너와 함께 작업하기** ◆ 52~59 : **협동 게임**
◆ 80 : **대결**

40

3명 집단

너와 함께 작업하기

페어볼

준비물 : 참가자들 각자 사용할 공, 프리스비 등

목표

- 협동 배우기
- 수행하기
- 참을성 기르기
- 파트너십 만들기
- 공정하기

게임방식 : 참가자 두 명이 서로의 맞은편에 몇 야드 떨어져 서서 캐치볼을 한다. 그들은 던지고 있는 것(공, 프리스비…)이 무엇이든지 그것을 떨어뜨리지 않으려고 노력한다. 심판은 잘 던지는 것에 대해 매번 2점을 상으로 준다. 마찬가지로 잘 잡은 것에 대해서도 매번 2점을 준다. 만약 잘못 던졌는데 상대방이 어떻게든 잡았다면 그 사람은 3점을 받는다. 만약 잡는 사람이 열심히 잡으려 했는데도 놓치면 그 사람은 노력에 대해 1점을 받는다.

생각해 볼 점

- 게임규칙을 어떻게 하면 더 어렵게 또는 더 쉽게 만들 수 있는가?
- 규칙이 더 쉽다면 항상 더 재미있는가?
- 심판과 함께하면 여러분은 행복한가?
- 심판이 없으면 게임은 어떻게 되기 쉬운가?
- 여러분은 일상생활에서 심판을 두는 게 도움이 되는 어떤 상황을 생각할 수 있는가?

역할극

- 불공정한 심판
- 내 형제들은 항상 편애를 받아!

관련게임

45~51 : **협동 게임**

우리 게임

풍선춤

준비물 : 모든 참가자에게 줄 풍선, 풍선 위에 필기할 펜이나 마커, 음악

목표

- 워밍업과 긴장 풀기
- 이름 알기
- 어색함 줄이기
- 접촉하기
- 집단에 활기 불어넣기

게임방식 : 모든 참가자가 풍선을 하나씩 불고 풍선에 자신의 간단한 자화상을 그린 후 이름을 적는다. 음악이 시작되면 참가자들은 자기 풍선을 자기 머리 위에서 춤추게 둔다. 춤추는 동안 모든 사람이 도와서 풍선이 바닥에 닿지 않도록 한다. 음악이 멈추면 모두 무작위로 풍선 하나를 잡아서 주인을 찾는다. 모든 풍선이 주인에게 돌아가면 풍선춤을 다시 시작한다.

변형

- 위와 같은 게임을 소집단에서 풍선 색으로 구성한다.
- 소집단에서 이름에 포함된 철자 수로 구성한다(예 : 집단 A : 3~5개 철자, 집단 B : 6개 이상의 철자).

주의점 : 이 게임에서 모든 참가자는 풍선에 그린 자화상을 가지고 서로에게 자신을 소개한다. 그림 그리기와 춤추기는 긴장이완이 되며 더 쉽게 첫 번째 접촉을 하게 해 준다. 풍선과 경음악은 기분을 편하게 만들어 주고 자화상은 즐거움을 준다. 모든 참가자가 개입하여 다른 참가자들과 접촉을 해야만 한다. 이런

요인들이 아동들로 하여금 자신의 수줍음을 극복하게 돕는다.

관련게임
41~44 : 집단 워밍업 게임

42

의자에 앉기

준비물 : 한 사람을 제외한 모든 참가자가 앉을 의자

목표

- 워밍업과 긴장 풀기
- 집단에 활기 불어넣기
- 유사성 찾기
- 사려 깊어지기

갈색 눈!

게임방식 : 둥글게 놓여 있는 의자는 사람 수보다 하나가 모자란다. 리더는 원의 가운데에 서 있을 참가자 한 사람을 선택한다. 그 참가자는 "금발"처럼 여러 참가자가 공유하고 있는 특성의 이름을 말한다. 이 특성을 가진 모든 참가자는 자기 자리에서 재빨리 일어나서 앉을 다른 자리를 찾는다. 중앙에 서 있던 참가자도 자리를 찾으려고 노력한다. 앉을 자리를 찾지 못한 마지막 한 명이 다음 특성을 말한다.

예

- 청바지를 입은
- 갈색 눈
- 겨울에 태어난
- 소녀

주의사항

- 이 게임은 신체적인 차이를 강조할 가능성이 있다. 그렇게 하는 것은 집단에 적절하지 않으므로, 리더는 비신체적인 특성을 말하도록 학급을 이끌어야 한다.
- 참가자들은 이 게임에서 사고로 서로 부딪힐 수도 있다. 그래서 어떤 식으로든 문제가 될 수 있다면 이 게임을 수정하거나 뛰어넘을 수 있다.

관련게임

41~44 : **집단 워밍업 게임**

집단 워밍업 게임

43

인사하기 게임

목표

- 워밍업
- 첫 번째 접촉 하기
- 어색함 줄이기

게임방식 : 이 게임은 서로 아직 모르는 아동들에게 잘 맞는다. 참가자는 방을 걸어 다닌다. 배경음악을 들려준다. 음악이 멈출 때마다(대략 30초 동안) 집단 리더는 참가자들이 이동하라는 명령을 한다.

예

- "여러분 가까이 있는 사람의 이름을 물어보세요!"
- "가능한 한 많이 악수를 하세요!"
- "가능한 한 많은 사람의 어깨를 가볍게 치세요!"
- "가능한 한 많은 사람에게 이름을 물으세요!"

주의사항

- 이 게임에서 음악 사용은 긴장을 줄이고 집단을 이완시킨다.
- 게임 시작 전에 다른 사람을 거칠게 터치하는 사람은 누구든 게임을 계속할 수 없다고 미리 말하는 게 중요하다.

관련게임

41~44 : **집단 워밍업 게임**

집단 워밍업 게임

좋은 아침!

목표

- 워밍업하기
- 첫 번째 접촉 시작하기
- 어색함 줄이기
- 행동으로 해 보기
- 일상적인 매너를 발달시키기
- 기분 표현하기

게임방식 : 인사하기 게임(43번 게임)에서와 같이 참가자들은 이완하는 음악이 배경으로 들리는 방을 걸어 다닌다. 그러나 이 게임에서는 음악이 멈출 때마다 집단리더가 새로운 '걷기 지시'를 말한다.

예

- 이른 아침이다. 여러분은 잠을 충분히 자지 못했다. 그래서 만나는 사람들을 쳐다보지 않고 터벅터벅 걸어간다.
- 오늘은 잘 쉬어서 기분이 좋다. 그래서 학교로 걸어가는 길에서 만난 사람들에게 미소를 짓는다.
- 여러분은 기분은 좋지만 서두른다. 학교로 달려가며 만나는 사람에게 친절하고 빠르게 "안녕."이나 "좋은 아침!"이라고 인사를 한다.
- 여러분 학교의 강당이 사람들로 가득 찼다. 여러분은 군중을 뚫고 가려고 하면서 방 반대편에서 친구가 있는 걸 보고 손을 흔들며 안녕이라고 소리치거나 다른 방식으로 주의를 끌려고 한다.
- 오늘은 학교에 가지 않는다. 여러분은 사람들에게 안녕이라고 말하고 인사를 몇 마디 하고 갈 수 있는 시간이 있다.

생각해 볼 점

- 예시된 어떤 행동이 때로 여러분이 하는 행동방식을 상기시키는가?
- 여러분은 다른 사람들의 어떤 행동을 좋아하는가?
- 어른들은 어떤 행동을 '좋은 행동'이라고 생각하는가?

역할극

- 여보세요, 안녕이라고 말할 줄 몰라요?
- 등교길에서의 갈등

관련게임

41~44 : 집단 워밍업 게임 ◆ 52 : 일어나!

*101가지 더 많은 생활기술 게임*에 있는 관련게임

1~10 : 내가 느끼는 것

협동 게임

의자에 함께 앉기

준비물 : 한 사람을 제외한 모든 참가자가 앉을 의자

목표

- 협동 배우기
- 집단정신 기르기

게임방식 : 의자를 서로 등을 맞대게 하여 두 줄로 놓는다. 한 사람을 제외한 모든 참가자가 앉을 만큼의 의자가 있어야 한다.

집단리더가 음악을 틀면 참가자들은 두 줄의 의자 주위를 시계방향으로 돌면서 걷는다. 음악이 멈추면 모든 사람이 의자에 앉으려 한다. 처음에 참가자 수보다 의자가 하나 모자라게 시작했기 때문에 의자에 앉지 못한 참가자는 다른 사람과 한 의자에 앉아야 한다(단지 두 참가자만 한 의자에 앉도록 허락된다). 음악이 멈출 때마다 집단리더는 점점 더 많은 참가자들이 옆에 있는 다른 누군가의 의자에 앉도록 의자 하나를 뺀다. 모든 의자에 두 사람이 앉게 되었을 때는 의자가 없는 아동은 앉아 있는 참가자의 손을 잡는다. 마지막에는 오직 하나의 의자만 남고 두 참가자가 의자에 앉아 있고 다른 사람들은 모두 앉아 있는 참가자의 손을 잡고 있다.

변형 : 얼마나 많은 참가자들이 바닥에 닿지 않고 한 의자에 앉을 수 있을까?

생각해 볼 점

- 여러분은 언제나 의자에 앉으려고 했는가 혹은 다른 사람의 손을 잡는 걸 걱정하지 않았는가?
- 여러분은 누구와 함께 의자에 앉게 될지 걱정했는가 아니면 특정인을 선

택했는가? 여러분은 거절당했는가 아니면 문제없이 받아들여졌는가?

- 여러분은 같이 앉자고 또는 여러분 손을 잡으라고 격려했는가?
- 사람들이 꽉 찼을 때 어떤 느낌이었는가?

주의사항

- 이 게임은 완전히 새로운 집단에게 사용하는 도입 게임으로 만들어지지 않았다. 그러나 게임을 해 보았던 집단이나 집단 구성원끼리 서로 알고 있는 집단에는 워밍업 게임으로 실행될 수 있다.
- 만약 이 게임에서 일어나기 쉬운 신체접촉이 여러분 집단이나 상황에 문제가 될지도 모른다면 이 게임을 수정하거나 빼고 싶을 수 있다.

역할극

- 혼잡한 열차칸
- 교실에 있는 내 의자에 누가 앉아 있다

관련게임

33~40 : 너와 함께 작업하기 ◆ 46 : 인사하기 ◆ 57~70 : 돕기 게임 ◆ 90 : 학급사진

*101가지 더 많은 생활기술 게임*에 있는 관련게임

40~45 : 너와 함께 작업하기 ◆ 52~59 : 협동 게임 ◆ 60~66 : 통합 게임

◆ 67~73 : 관계 게임 ◆ 74 : 좋은 것 ◆ 85~90 : 동상과 조각하기 게임

◆ 91~92 : 모의 게임

인사하기

준비물 : 모든 참가자가 앉을 의자

목표

- 협동 배우기
- 접촉하기
- 진정하기
- 집중하기

게임방식 : 이 게임에서는 모든 참가자가 원으로 놓인 의자에 앉는다. 참가자 중
한 사람이 매우 빨리 일어나 다른 사람 앞으로 걸어가 인사를 한다. 그러면 두

번째 사람이 빨리 일어나 세 번째 참가자에게 다가간다. 첫 번째 참가자는 두 번째 사람이 막 일어난 의자에 앉는다. 이 게임은 영원히 계속될 수 있다! 말하기, 웃기, 흔들기, 킥킥 웃으면 안 된다. 어떤 소리라도 나면 게임을 멈춘다.

변형 : 두 참가자가 원 중앙으로 동시에 나가서 만났을 때 조용히 서로 인사를 한다. 각자는 다른 한 사람의 참가자에게 일어서라고 요청한다. 이제 새로운 참가자들이 원 가운데에서 서로에게 조용히 인사를 한다.

주의사항 : 이 게임은 새로운 집단에 도입 게임으로 실시될 수도 있다.

역할극
- 버스에서 여러분 자리를 다른 사람에게 양보하기
- 줄 서 있을 때 어떤 사람을 여러분 앞에 끼어들게 해 주기

관련게임
45 : **의자에 함께 앉기** 및 이 게임에서 제시된 관련게임 모두 ◆ 47 : **휴대용 카세트**

협동 게임

휴대용 카세트

목표

- 협동 배우기
- 공격성 줄이기

게임방식 : 참가자들은 라디오, 카세트, CD 등 인위적인 소리의 원천에서 나오는 소리를 듣고 그들이 들은 것을 따라 한다. 기계의 소리 크기는 참가자들이 반응할 수 있는 수준으로 유지해야 한다. 지휘자는 손을 높이거나 내려서 바람직한 소리크기를 보여 주는 것이 도움이 될 수 있다.

변형

- 한 집단은 중간 정도의 소음을 내고 있다. 다른 집단은 비슷한 소음으로 이것을 압도하려 한다.
- 모든 참가자는 주변을 걸어 다닌다. 모든 사람이 소리를 지르거나 멀리 있는 사람에게 무엇을 요구한다. 참가자들이 모두 이 일을 동시에 하기 때문에 그들은 서로 압도하려고 한다.

생각해 볼 점

- 그런 비명을 들어 본 적이 있는가?
- 고함을 질러서 여러분을 조용하게 만드는 사람이 있는가?
- 여러분은 소음을 얼마나 잘 견뎠는가?
- 소음을 잘 견디지 못하는 사람을 알고 있는가?
- 소리 지르는 것은 항상 공격성의 신호인가?

역할극

- 잡음이 들리는 전화 연결
- 할아버지는 듣기 어려워

관련게임

45 : **의자에 함께 앉기** 게임에서 제시된 관련게임 모두 ◆ 48 : **정각까지 일을 마치기**
◆ 71~83 : **공격성 게임**

*101가지 더 많은 생활기술 게임*에 있는 관련게임

74~84 : **공격성 게임**

협동 게임

정각까지 일을 마치기

준비물 : 모든 참가자가 앉을 수 있는 수의 의자

목표

- 비언어적으로 협동하기

게임방식 : 참가자들은 원으로 놓여 있는 의자에 앉는다. 리더는 "의자를 영화관처럼 배열하세요!"라고 큰 소리로 명령한다. 참가자들은 할 수 있는 한 빨리 즉시 조용하게 의자를 재배열하고 다시 앉는다. 초시계를 사용해 리더는 시간을 잰다. 집단은 자신의 기록을 깨려고 할 수 있다.

예

- 식당
- 버스
- 기차
- 서커스
- 사무실

변형 : 집단리더는 '술래'가 될 사람을 선택한다. 그 참가자는 10분 동안 방 안에 남아서 숙제나 좋은 책 읽기 같은 빠른 작업을 한다. 그 10분 동안의 어느 시점에 하지만 당장은 아닌 어느 시점에 다른 참가자들이 집단리더가 의자 배열 방식에 대해 내린 명령을 빠르게 완수한다. 만약 '술래'가 어떤 소음이라도 듣게 되면 그녀는 10분 안에 문을 열 수 있다. 그리고 만약 그녀가 의자에 앉아 있지 않은 어떤 참가자를 보게 되면 그녀가 이긴다. 그러나 만약 술래가 문을 열었을 때 모든 사람이 의자에 앉아 있다면, 의자가 재배열되었든 안 되었든 그 집단이

이긴다. 만약 10분이 지났는데 집단이 여전히 의자를 재배열하지 못하면, 그들이 얼마나 조용했는가는 중요하지 않다. 그들은 지고 '술래'는 이긴다.

관련게임

45 : **의자에 함께 앉기** 게임에서 제시된 관련게임 모두 ◆ 47 : **휴대용 카세트**
◆ 49 : **고층건물 짓기**

협동 게임

고층건물 짓기

준비물 : 폭넓은 구색을 갖춘 다양한 모양과 크기의 물건

목표
- 협동 배우기

게임방식 : 집단은 다른 모양과 크기의 많은 물건들 주위에 원으로 둘러앉는다. 몇 명의 참가자들은 원 밖에 관찰자로 머문다. 집단리더가 신호를 하면 원 안의 참가자들은 그들에게 주어진 물건들로 만들 수 있는 최고로 높은 조각을 쌓는다. 참가자들은 쓰러지지 않도록 조각을 잡을 수 있다. 게임은 여러 번 반복된다. 끝날 때 관찰자들은 그들이 느낀 집단에 대한 인상을 보고한다.

변형 : 참가자들은 조각이 쓰러지지 않도록 잡을 수 없다.

주의사항 : 사물들은 공, 다른 스포츠용품, 또는 백팩이 될 수 있다. 무겁거나 날카로운 물건을 포함하지 않도록 조심한다.

생각해 볼 점
- 집단이 이룬 것에 대해 기뻐한 사람은 누구인가?
- 그들이 충분히 또는 너무 적게 기여했다고 느끼는 사람은 누구인가?
- 자신에게 충분한 관심을 주지 않았다고 느끼는 사람이 있는가?
- 집단에 있는 다른 사람이 충분히 하지 않았다는 인상을 받은 사람이 있는가?

관련게임
45 : 의자에 함께 앉기 게임과 이 게임에서 제시된 관련게임 모두 ◆ 48 : **정각까지 일을 마치기** ◆ 97 : **더 강해지기**

협동 게임

줄다리기

준비물 : 적어도 10~15피트(약 3~4.5미터) 길이의 강한 밧줄 그리고 매트리스
(선택사항)

목표

- 승리와 패배 다루기
- 경쟁을 적절히 다루기
- 패배를 적절히 다루기
- 다른 사람의 성취를 칭찬하기

게임방식 : 모든 참가자는 번호를 받는다. 그들은 바닥에 그린 큰 원모양으로 앉
는다. 원 중앙에 밧줄이 있다. 집단리더는 번호 두 개를 외친다. 번호가 불린
두 참가자는 점프를 하고 밧줄의 양끝을 잡고 줄을 가로질러 서로를 당긴다.
만약 한 참가자가 주의를 집중하지 않아서 자신의 차례를 놓치면 다른 참가자
가 자동으로 이긴다.

변형 : 파란 셔츠 대 빨간 셔츠

생각해 볼 점

- 여러분은 어떤 어려움을 발견했는가? 그것이 불공정한 시합이었다고 느꼈
  는가?
- 참가자들은 잘한 것과 잘하지 못한 것에 대해 어떻게 반응을 했는가?
- 시합 뒤에 여러분은 어떻게 느꼈는가?
- 싸움을 더 공정하게 만들기 위해 규칙은 어떻게 바뀔 수 있었는가?
- 다른 참가자들이 화나거나 창피스럽지 않도록 이긴 사람들은 무엇을 할

수 있는가?

역할극

- 우리가 시합에서 진 건 네 탓이야!
- 엄마, 난 축구연습 가지 않을래요!
- 넌 부당하게 시합을 해서 이겼을 뿐이야!
- 나는 최고야!

관련게임

48 : 정각까지 일을 마치기 ◆ 49 : 고충건물 짓기 ◆ 51 : 색테이프 ◆ 72 : 줄다리기 **II** ◆ 97 : 더 강해지기

색테이프

준비물 : 광고 포스터나 기타 신문 등

목표

- 협동 배우기
- 기민함 향상하기
- 관용 발달시키기
- 인내심 발달시키기
- 집단과 유대 맺기

게임방식 : 참가자들은 원모양으로 앉는다. 한 참가자가 신문 모서리에서 1인치를 찢어 내기 시작하여 이것이 매달려 있도록 페이지 밑에서 1인치 되는 곳에서 멈춘다. 그녀는 왼쪽 옆에 앉은 사람에게 이걸 전달하고 이 사람은 반대쪽을 찢어 내기 시작한다. 이런 식으로 색테이프가 만들어진다. 색테이프는 얼마나 길어질 수 있을까? 매번 측정하고 새로운 기록을 한다. 색테이프를 끊어지게 한 사람이 다시 새로운 테이프를 만들기 시작해야 한다.

변형 : 소집단의 참가자들이 신문을 동물모양으로 찢으려 한다.

생각해 볼 점

- 여러분은 자신이 이런 일을 잘한다고 생각하는가?
- 이 게임을 하면서 어떤 문제가 있었는가?
- 불행이 일어났을 때 보통 잘 견디는 사람을 아는가?
- 사람은 어떻게 인내심을 가질 수 있는가?
- 성급함은 어디에서 오는가?

● 성급한 사람을 어떻게 다루는가?

주의사항 : 게임을 설명하는 동안과 게임이 시작되기 전에, 집단리더는 어떤 사람이 색테이프를 찢는 일에 실패할 때 어떻게 반응할 것인지를 토론할 수 있다. 이 토론을 한 뒤에는 아마도 아동들에게 인내심과 관용을 가질 것을 상기시킬 필요가 없게 될 것이다. 그들은 자신들을 단속하기가 쉽다.

관련게임

12 : 미스터리 전달 ◆ 33~40 : **너와 함께 작업하기** ◆ 45 : **의자에 함께 앉기** 게임에서 제시된 관련게임 모두 ◆ 50 : **줄다리기**

*101가지 더 많은 생활기술 게임*에 있는 관련게임

40~45 : **너와 함께 작업하기**

사람 수 무관

새로 온 반친구 맞아들이기

일어나!

목표

- 접촉에 대한 두려움 줄이기
- 다른 사람 관찰하기
- 온화해지는 것 배우기
- 새로운 참가자를 게임에 통합하기
- 공격성 없는 신체접촉 만들기
- 맹목적 신뢰 가지기
- 호의 보여 주기

게임방식 : 이 게임은 새로운 학생을 소개하고 통합하는 데 매우 잘 맞는다. 그러나 새로운 학생이 없더라도 게임을 할 수 있다. 새로운 학생이 소개된 후에 그 학생은 이 게임을 시작으로 몇몇 간단한 게임에서 리더 역할을 할 수 있다. 모든 참가자는 눈을 감는다. 리더는 한 참가자에게서 다른 참가자로 가면서 '그들을 깨운다.' 리더는 참가자들을 접촉하거나 말로 깨울 수 있다.

변형

- '눈덩이' 원리에 따라 깨우기 : 깨워진 모든 참가자는 다른 참가자에게로 가서 같은 방식으로 깨운다. 그런 다음 앉는다. 오직 새로운 학생(집단리더)만 여러 참가자들을 깨우는 것이 허용된다.
- 만약 새로운 학생이 참가자의 이름을 모른다면 그 학생은 큰 소리로 깨울 수 있다. 예를 들어 "파란색 옷을 입은 검은 머리 여학생 일어나세요!"

주의사항

- 이 게임의 장점은 다른 학생들은 눈을 감고 있기 때문에 새로운 학생이 자

긴 금발머리 여학생
일어나!

신이 시험당하지 않으면서 반친구들을 볼 수 있는 기회를 가질 수 있다는 것이다. 새로운 학생은 언어적 접촉과 신체적 접촉 중에서 자신이 마음에 드는 방식으로 접촉을 할 수 있다. 모든 사람이 새로운 학생이 깨우는 것을 좋아한다.

- 새로운 학생에게 너무 많은 질문을 하지 않는 것이 중요하다. 관련게임과 마찬가지로 이 게임은 초심자가 쉽게 할 수 있다. 새로운 학생에게 생각해 볼 점 질문 중 어느 질문에 답하라고 주장하는 건 삼간다. 그 학생은 이런 방식의 경험을 가져 본 적이 없을 수 있기 때문이다.

생각해 볼 점
- 여러분은 보통 어떤 방식으로 깨우는가?
- 누가 여러분을 기분 좋은 방식으로 깨우는가?

관련게임
1~5 : **내가 좋아하는 것** ◆ 8 : **방 관찰하기** ◆ 20 : **이름 전달하기**

◆ 26 : 내 오른쪽 자리가 비었어요(트위스트를 추며) ◆ 27~32 : 너를 이해하기

◆ 33~40 : 너와 함께 작업하기 ◆ 45~51 : 협동 게임 ◆ 53 : 집단 만들기 게임

◆ 97~101 : 팬터마임 극

101가지 더 많은 생활기술 게임에 있는 관련게임

22~34 : 너를 알아 가기 ◆ 40~45 : 너와 함께 작업하기 ◆ 60~66 : 통합 게임

새로 온 반친구 맞아들이기

집단 만들기 게임

목표

- 새로운 사람 만나는 것에 대한 두려움 줄이기
- 비슷한 점 주목하기
- 집단을 알아 가기
- 시지각 향상하기
- 신뢰 쌓기
- 접촉하기

게임방식 : 이 게임은 새로운 학생을 소개하고 통합하는 데 매우 잘 맞는다. 그러나 새로운 학생이 없더라도 게임을 할 수 있다. 새로운 학생을 제외하고 모든 사람은 눈을 감는다. 새로운 학생은 이유를 말하지 않고 다른 참가자를 방의 다른 쪽 구석에 있는 집단으로 이끈다. 한 집단은 같은 머리색인 집단일 수 있고 다른 집단은 끈으로 묶지 않는 신발을 신은 집단일 수 있다. 일단 모든 참가자가 한 집단에 배정되면, 그들은 눈을 뜨고 그의 집단에 있는 다른 사람들과 자신의 공통점을 찾으려 한다.

예

- 청바지를 입은
- 머리길이가 같은
- 비슷한 키
- 모두 같은 머리색

변형

- 경험 있는 참가자나 집단리더는 새로운 학생이 다른 참가자들을 집단으로

나누는 걸 도울 수 있다.

- 모든 참가자는 이름이 써 있는 카드를 앞에 들고 눈을 감은 채로 원모양으로 앉는다. 참가자들을 다른 모퉁이로 이끄는 대신에 새로운 학생은 카드를 모아서 방의 다른 모퉁이에 놓는다. 참가자들은 눈을 뜨고 그들의 카드를 찾아서 다른 집단 구성원과 공유한 점을 추측한다.

- 다른 변형으로, 새로운 학생은 다른 참가자들과 같은 대우를 받는다. 새로운 참가자가 아닌 참가자가 한 사람 방을 떠난다. 집단리더는 나머지 참가자들을 여러 집단으로 나눈다. 밖에 있는 참가자를 불러들여서 각 집단 구성원이 공유한 점을 추측하게 한다. 만약 게임을 여러 번 한다면 이런 방식으로 새로운 학생이 자연스럽게 여러 집단에 통합된다. 게임이 끝날 때 모든 참가자는 새로운 학생과 같은 집단이었을 때 그들이 갖고 있던 공통점을 말한다.

주의사항 : 이 게임은 잠재적으로 신체적 차이를 강조하게 될 수 있다. 만약 그렇게 하는 것이 집단이나 상황에 적절하지 않다면, 리더는 학급을 신체적이지 않은 특징으로 이름을 붙이도록 이끈다.

관련게임

8~19 : **내가 관찰한 것** ◆ 27~32 : **너를 이해하기** ◆ 52 : **일어나!**와 이 게임에서 제시된 관련게임 모두 ◆ 54 : **뜨거운 자리** ◆ 87 : **동상 쌍** ◆ 93 : **나쁜 뉴스와 좋은 뉴스**

*101가지 더 많은 생활기술 게임*에 있는 관련게임

54 : **우리는 닮았어** ◆ 85 : **얼어붙은 쌍**

사람 수
무관

새로 온 반친구 맞아들이기

뜨거운 자리

준비물 : 필기할 종이와 펜/연필

목표

- 사람을 알아 가기
- 대화 시작하기
- 공통점 찾기
- 공통된 특성 인식하기
- 차이점 인식하기
- 비밀 받아들이기
- 집단에서 신뢰 쌓기

게임방식 : 이 게임은 방문자를 집단에 소개하는 데 매우 잘 맞는다. 이 게임을 하기 위해서 질문이 쓰인 카드가 참가자당 하나씩 만들어져야 한다. 아동의 연령에 따라 아동이나 집단리더가 카드를 만들 수 있다. 모든 참가자는 무더기에서 하나의 카드를 뽑아서 새로운 사람에게 카드에 있는 질문을 한다.

예

- 너는 몇 살이니?
- 너는 무엇을 무서워하니?
- 너를 웃게 만드는 건 뭐니?
- 네가 좋아하는 색은 뭐니?

변형 : 새로운 학생은 무더기에서 카드를 뽑아서 다른 참가자들에게 질문을 한다.

역할극 : (그가 하고 싶다고 말하지 않는 한 새로운 학생은 이러한 변형으로 리드하는 역할을 해서는 안 된다.)

- 질문
- 부모로부터의 당황스러운 질문들
- 유명 인사와의 인터뷰

관련게임

52 : **일어나!**에서 제시된 관련게임 모두 ◆ 53 : **집단 만들기 게임**

◆ 55 : **나 여기 있어!** ◆ 80 : **칭찬**

***101가지 더 많은 생활기술 게임*에 있는 관련게임**

83 : **첩보원 게임** ◆ 85~90 : **동상과 조각하기 게임** ◆ 96 : **인터뷰**

새로 온 반친구 맞아들이기

나 여기 있어!

목표

- 관심의 초점이 되는 것 다루기
- 신체접촉과 가까움 견디기
- 청지각 향상하기
- 공격을 중지하고 예의 바르게 행동하기
- 다른 사람 신뢰하기
- 집단으로 통합하기

게임방식 : 이 게임은 새로운 사람을 집단에 소개하는 데 잘 맞는다. 새로운 사람을 제외한 모든 참가자는 눈을 감고 방을 걸어 다닌다. 새로운 사람도 방을 걸어 다니지만 눈을 뜨고 있다. 집단리더가 한 사람의 어깨를 가볍게 친다. 이

참가자는 새로운 사람의 이름을 부르며 "너는 어디 있니?"라고 묻는다. 새로운 사람은 "나 여기 있어!"라고 말하며 걸음을 멈춘다. 모든 참가자는 눈을 뜨지 않은 채로 새로운 사람을 찾아 어깨를 가볍게 치려고 한다. 그들은 새로운 사람을 아직 찾지 못했다면 그를 한 번 더 부를 수 있다. 일단 그를 찾게 되면 그들은 눈을 뜨고 방의 가장자리로 움직여서 남은 참가자들이 더 넓은 공간에서 게임을 하게 해 준다.

주의사항 : 눈을 가린 참가자들은 그들이 새로운 사람에게 가까울수록 더 적은 공간이 있다는 사실을 다루어야 한다. 사려 깊게 또 공격하지 않으면서 게임을 하는 건 이 게임에서 중요한 목표다. 새로운 사람은 다른 사람의 응시를 받지 않고 다른 사람들을 관찰할 시간을 갖는다.

생각해 볼 점

- 여러분은 이곳에 새로 왔다. 다른 참가자들이 여러분에게 접근할 때 여러분은 두려움을 느꼈는가?
- 여러분이 느낄 수 있는 두려움을 줄여 주기 위해 집단은 어떻게 도울 수 있는가?
- 여러분은 무엇에 주목했는가?

관련게임

14 : 귀로 보기 ◆ 20 : 이름 전달하기 ◆ 32 : 설상가상으로 ◆ 41~44 : 집단 워밍업 게임 ◆ 45~51 : 협동 게임 ◆ 52 : 얼어나! 게임에서 제시된 관련게임 모두 ◆ 54 : 뜨거운 자리 ◆ 56 : 알려 줘 제발 ◆ 61 : 도와 달라고 외치기 ◆ 67 : 악어의 눈물 ◆ 71 : 정글 속 동물 ◆ 75 : 공손한 야생동물

*101가지 더 많은 생활기술 게임*에 있는 관련게임

46 : 구두점 ◆ 52 : 원 안으로 들어와 ◆ 60 : 손끝으로 보기 ◆ 67 : 집단망 ◆ 74 : 좋은 것 ◆ 78 : 다툼

알려 줘 제발

준비물 : 알파벳의 철자 하나가 써 있는 카드나 다른 아이템

목표

- 민감성 발달시키기
- 집단 상황에 대한 느낌 발달시키기
- 집단인식 발달시키기
- 거짓 겸손과 자랑을 피하기

게임방식 : 모든 참가자는 알파벳의 철자 하나를 고른다(철자 카드나 나무로 만든 철자 중에서). 일단 모든 사람이 철자를 하나 고르면 그들은 1분 동안 그 철자로 시작하는 단어를 고른다. 그 단어는 집단과 관련된 것이다. 참가자들은 한 사람씩 자신이 고른 단어에 대해 말한다.

예

- **B**는 책(book)을 나타낸다. 왜냐하면 학급에 훌륭한 책이 많이 있기 때문이다.
- **C**는 어릿광대(clown)를 나타낸다. 왜냐하면 세바스찬이 종종 우리 반의 어릿광대이기 때문이다.
- **D**는 장애(disorder)를 나타낸다. 왜냐하면 우리 게임에 종종 많은 문제가 있기 때문이다.
- **G**는 쓰레기(garbage)를 나타낸다. 왜냐하면 종종 사람들이 바닥에 쓰레기를 버릴 때 학급에 문제가 되기 때문이다.

변형 : 게임을 한 후에 모든 참가자는 자신들의 철자를 원 가운데에 놓는다. 새

로운 사람은 의미하는 바가 무엇인지 기억 나는 철자 몇 개를 집어서 집단에게 다시 말해 준다.

주의사항 : 새로운 사람에게 집단에 대한 관점을 말하라고 요청해서 그를 당황하게 만들지 말라. 그의 말은 자발적이어야 한다. 집단을 소개하는 일은 집단 구성, 규칙, 갈등을 다시 생각하는 기회를 제공한다. 방문자들은 집단인식을 일으키는 매우 유용한 수단이다.

생각해 볼 점

- 새로운 사람으로서 집단에 대해 알게 된 것은 어떤 것이 있는가?
- 가장 인상적인 것은 무엇이었는가?
- 여러분은 어떤 문제를 보았는가? 그 문제들은 여러분이 다른 집단이나 학급에서 보았던 문제와 닮았는가?

관련게임

54 : **뜨거운 자리**와 이 게임에서 제시된 관련게임 모두

57

해결 기억

준비물: '문제'와 '해결책' 카드가 미리 준비되어야 한다(뒤에 있는 마스터 시트 참조).

목표

- 도움을 주고받기
- 접촉과 의사소통 시작하기
- 짝으로 일하기
- 사회적 인식 향상하기
- 신뢰와 의존 발달시키기
- 집단 통합하기

게임방식: 마스터 시트에 10개의 문제카드와 20개의 문제와 일치되는 해결카드가 있다. 게임은 기억 게임처럼 이루어진다. 기억 게임에서는 참가자들이 돌아가며 카드를 뒤집고 일치하는 짝을 찾기 위해 위치를 기억한다. 그러나 이 게임에서 참가자들은 해결카드와 문제카드를 짝 짓는다.

변형

- 참가자 중 반은 문제카드를 갖고 다른 반은 해결카드를 갖는다. 모든 참가자는 방을 걸어 다닌다. 집단리더의 신호에 따라 문제카드를 갖고 있는 참가자들은 해결카드를 가지고 있는 참가자들에게 카드를 달라고 요청한다. 가능한 한 빨리 도움을 찾는 사람은 누구인가? 누가 가능한 한 빠르게 도움을 제공하는가?
- 참가자들은 소집단으로, 다른 카드로 그들 자신의 해결 기억을 만든다.

주의사항 : 비록 모든 카드가 매우 효과적이거나 또는 독창적인 도움을 주지 못하더라도, 그들은 게임을 하는 동안 문제해결에 대해 토론을 시작한다.

생각해 볼 점

- 여러분은 어떻게 응급상황임을 깨닫게 되었는가?
- 여러분이 어떤 응급상황에 있던 적이 있었는가? 어떤 도움을 받았는가?

관련게임

33~40 : 너와 함께 작업하기 ◆ 41~44 : 집단 워밍업 게임 ◆ 45~51 : 협동 게임 ◆ 58 : 위로하는 사람 게임 ◆ 71 : 정글 속 동물 ◆ 93~96 : 동화 게임

*101가지 더 많은 생활기술 게임*에 있는 관련게임

1~10 : 내가 느끼는 것 ◆ 11~12 : 내가 생각하는 것 ◆ 22~34 : 너를 알아 가기 ◆ 40~45 : 너와 함께 작업하기 ◆ 48 : 어두운 숲 속에서 길을 잃다 ◆ 52~59 : 협동 게임 ◆ 60~66 : 통합 게임 ◆ 67~73 : 관계 게임 ◆ 74 : 좋은 것

해결기억카드의 마스터 시트

아래 있는 것은 카드에 쓸 문장들이다. 슬픈 얼굴이 그려진 회색카드는 문제카드이고 미소 띤 얼굴이 그려진 흰색카드는 해결카드이다.

☹ 나는 우리 반에 친구가 많지 않아.	☺ 너의 반친구들을 파티에 초대해.	☺ 문제에 대해 친구와 이야기해 봐.
☹ 나는 수학에서 뭐가 뭔지 모르겠어.	☺ 만약 반친구 중 한 명이 너와 함께 집에 오고 싶어 하는지 알아봐. 넌 공부도 하고 놀 수도 있어!	☺ 그렇게 하는 게 네가 더 잘 이해하게 돕는다면 누군가에게(부모가 될 수도 있다) 네가 이해하기 어려운 개념을 설명해 달라고 요청해.
☹ 우리 부모님은 나랑 전혀 놀아 주질 않아.	☺ 부모님에게 그들이 좋아하는 게임을 가르쳐 줄 수 있는지 물어봐.	☺ 생일날 원하는 목록에 '나와 놀기' 선물 자격을 적어 놔.

☹ 우리 아버지는 항상 TV를 끄면서 "너는 TV를 너무 많이 보는구나."라고 말해.	☺ TV프로그램 가이드에서 네가 보는 프로그램을 표시해 네가 너무 많이 보는 게 아니란 걸 아버지한테 입증해 봐.	☺ 너와 아버지가 모두 보는 걸 좋아할 쇼에 아버지가 관심을 갖게 해 봐.
☹ 나도 다른 아이들처럼 좋은 자전거를 갖고 싶어.	☺ 집안일, 정원일이나 또는 중고물품세일을 해서 추가적인 돈을 벌 수 있는지 생각해 봐.	☺ 자전거를 갖고 있는 친구가 있다면, 잠시 동안 자전거를 빌릴 수 있는지 물어봐. 친구가 빌리고 싶어 할 장난감을 네가 갖고 있을 수 있어.
☹ 나는 충분한 용돈을 받지 못하고 있어.	☺ 너의 문제를 네가 믿는 몇몇의 어른에게 말해.	☺ 부모님에게 이 문제를 어떻게 해결할 수 있는지 물어봐.
☹ 난 시험을 잘 못 봤어.	☺ 선생님한테 네가 재시험을 볼 수 있는지 물어보고 열심히 시험공부를 해.	☺ 숙제와 학교활동에 더 많은 노력을 해.
☹ 내 친구는 3일 동안 나한테 말을 안 하고 있어.	☺ 친구한테 멋진 카드를 만들어 보내.	☺ 네가 슬퍼서 이야기를 하고 싶다고 말해.
☹ 나는 숙제한 것을 잃어버렸어.	☺ 숙제를 다시 하도록 해.	☺ 부가적인 숙제를 하고 숙제를 예쁘게 꾸며.
☹ 우리 아버지가 내게 3일 동안 외출금지라고 말했어.	☺ 가사일로 아버지를 도와.	☺ 집에서 책을 잔뜩 가져와서 책에 푹 빠져 봐.
☹ 나는 우리 엄마가 준 컴퓨터 게임을 찾을 수 없어. 엄마는 앞으로 나한테 비싼 것을 절대로 주지 않을 거라고 생각해.	☺ 새로운 자전거를 사기 위해 용돈을 저축해.	☺ 엄마가 잘못 둔 물건을 찾는 걸 도와드려. 엄마는 기분이 좋아지셔서 네 상황을 이해하실 거야.
☹ 난 우리 형과 나를 곤경에 빠뜨릴 수 있는 일을 했어. 만약 형이 부모님한테 말하면 부모님은 형을 나무라지 않으실까?	☺ 상황을 해결하고, 보상하며, 혹은 사과하려고 해 봐.	☺ 부모님께 모든 걸 고백해.

돕기 게임

58

위로하는 사람 게임

준비물 : '문제종이'를 미리 만들어야 한다(게임 뒤에 있는 마스터 시트 참조).

목표

- 공감 발달시키기
- 대화를 지속하는 것 배우기
- 경청 배우기
- 도움을 주고받기
- 접촉과 의사소통 시작하기
- 집단에 통합하기
- 애정 보여 주기
- 파트너십과 신뢰 발달시키기
- 유연해지는 것 배우기

게임방식 : 모든 다른 참가자들은 가상 문제가 써져 있는 '문제종이'를 받아서(이 활동 뒤에 오는 마스터 페이지 참조) 그것을 읽는다. 문제종이를 받지 못한 참가자들은 '위로해 주는 사람들'이다.

각각의 위로하는 사람은 문제종이를 갖고 있는 사람에게 말을 하고 "너 오늘 왜 그렇게 슬퍼 보이니?" 같은 말로 그의 문제에 대해 물어본다. 문제가 있는 사람들은 자신의 가상의 불행에 대해 말한다. 위로하는 사람은 문제를 가진 사람에게 조언을 하거나 도움을 줄 수 있다고 생각하는 친구, 이웃, 교사, 어머니, 또는 다른 어떤 역할을 한다.

이러한 대화 후에 위로하는 사람은 다른 문제를 가진 사람을 찾는데 네 개 문제를 다룰 때까지 계속한다. 이 모든 대화는 동시에 일어난다. 그리고 리더는 여러 파트너 바꾸기를 통제하지 않는다. 위로하는 사람이 한 사람과의 대화를 끝내자마자, 그는 그 순간에 파트너가 없는 문제를 가진 새로운 사람을 찾는다.

피드백 라운드가 다음에 온다. 원 안에서 모든 사람이 자신의 문제를 읽고 왜 도움이 되었는지를 설명하면서 가장 좋은 도움을 준 집단을 말한다. 아마 그것은 문제에 대한 독창적인 해결이었기 때문에 도움이 되었거나 또는 도움을 주는 사람이 정말 좋은 도움이 되는 태도를 갖고 있었기 때문일 수 있다.

관련게임

57 : 해결 기억과 이 게임에서 제시된 관련게임 모두 ◆ 59 : 헬퍼(도와주는 사람)
게임

위로하는 사람 게임의 마스터 시트

문제종이 1 모든 사람은 그들의 머리를 어떻게 기를지 선택한다. 하지만 나는 땋은 머리다. 왜냐하면 우리 아버지가 원했기 때문이다. 다른 아이들은 땋은 머리를 잡아당기며 나를 놀린다.	*문제종이 2* 나는 천식을 앓고 있어서 운동을 하지 못한다. 이것이 내가 친구 사귀는 것을 어렵게 만든다.	*문제종이 3* 나는 모든 시간을 숙제하는 데 보낸다. 그래서 나는 어떤 운동도 할 시간이 없다. 그것 때문에 모든 사람이 나를 괴롭힌다.	*문제종이 4* 나는 좋은 성적표를 받았다. 하지만 영어를 잘 읽지 못해서 C를 받았다. 나는 매일 부모님과 함께 읽기 연습을 해야 한다. 그리고 친구들은 이런 특별한 도움을 받는다고 나를 놀린다.
문제종이 5 나는 숙제를 잃어버려서 항상 추가 과제를 받는다. 지금 사람들은 나를 게으르다고 생각한다.	*문제종이 6* 나는 마지막 철자시험에서 D를 받은 유일한 사람이다. 나는 모든 사람이 나를 바보라고 생각한다고 확신한다.	*문제종이 7* 모든 사람이 나를 놀린다. 왜냐하면 내가 말더듬증을 고치려고 언어치료사를 만나기 때문이다.	*문제종이 8* 모든 사람이 내가 체중이 많이 나간다고 나를 "뚱뚱보"라고 부른다. 나는 달아나고 싶다.
문제종이 9 교실에 있는 누군가가 문제가 생기면 그들은 항상 나를 비난한다. 교사도 항상 그들 편이다.	*문제종이 10* 우리 부모님은 나보다 내 동생을 더 좋아한다.	*문제종이 11* 나는 어떤 사람의 펜을 훔친 적이 있다. 그것은 딱 한 번이었다. 그런데 이제 모든 사람이 내가 물건을 훔친다고 말한다.	*문제종이 12* 다음 주 주말에 나는 잠을 오래 잘 거다. 모든 사람이 내가 오줌싸개라는 걸 알게 될 것이다.
문제종이 13 학교에서 나는 집에 TV가 없는 유일한 아이다. 다른 사람들이 TV에서 본 것에 대해 말할 때 나는 함께 말할 수 없다.	*문제종이 14* 나는 학교에 다닌 지 2주밖에 안 됐다. 왜냐하면 우린 막 이사 왔기 때문이다. 나는 아직도 여기에 친구가 없다.	*문제종이 15* 나는 우리 형한테서 물려받은 옷을 입어야 한다. 그래서 모든 사람이 스마트하지 못하게 옷을 입는다고 날 놀린다.	*문제종이 16* 부모님이 모두 일하러 가셔서 나를 학교에 데리러 올 수 없다는 것 때문에 모든 사람이 나를 놀린다.

59

헬퍼(도와주는 사람) 게임

준비물 : 모든 참가자를 위한 응급상황에 처한 아동의 이미지, 헬퍼카드는 미리 준비되어야 한다.

목표

- 문제인식 높이기
- 도움을 주고받기
- 접촉과 의사소통 시작하기
- 창의성 향상하기
- 집단관계 깊게 하기
- 사회적 인식과 공감 발달시키기

게임방식 : 모든 참가자는 밤에 도시의 길거리에 혼자 있거나 창문이나 벼랑에

매달려 있는 것과 같은 응급상황에 있는 아동을 그린 그림을 받는다. 이 그림들은 사진, 잡지에서 오렸거나 또는 그린 것일 수 있다. 또는 조각하기 게임(84~92번 게임 참조)이나 101가지 더 많은 생활기술 게임에 있는 **동상과 조각하기 게임** 부분(85~90번 게임)에서 찍은 사진일 수도 있다.

응급 그림에 덧붙여, 집, 꽃 한 다발, 줄 하나, 헬리콥터, 약병, 망치 같은 물건들이 그려진 헬퍼카드가 응급그림의 4배수만큼 있다.

한 참가자가 자신의 응급상황을 "나는 …"으로 시작해 설명하는 것으로 시작한다. 다른 참가자들은 돌아가며 그 사람에게 물건이 그려진 그림을 하나 주며 그 물건이 도움이 될 수 있는 이유를 말한다.

예
- 나는 집에 혼자서 침대에 있는 게 무서워.
- 나는 호젓한 거리에서 약한 사람을 못살게 구는 사람과 마주쳐.
- 내가 방금 이웃의 창문을 깨뜨렸어.

생각해 볼 점
- 여러분은 친구인 집단 구성원에게서 도움을 받는 걸 더 좋아했는가?
- 여러분은 실제로 도움이 되지 않는 제안을 어떻게 다루었는가?

변형
- 그림과 헬퍼카드를 섞는다. 모든 참가자는 그림 하나와 헬퍼카드 하나를 뽑는다. 더 적은 수의 헬퍼카드 선택지가 있기 때문에 참가자들은 종종 다른 사람을 돕기 위해 매우 창의적이 되어야 하거나 패스(다루지 못하고)시켜야 한다.
- 더 나이 든 참가자들 집단에서는 응급상황을 그림 대신에 종이 조각에 여러 문장으로 기술할 수 있다. 이 종이 조각들을 나누어 준다.

관련게임
57 : 해결 기억과 이 게임에서 제시된 관련게임 모두 ◆ 58 : **위로하는 사람 게임**
◆ 60 : **친절한 시험**

60

친절한 시험

준비물 : 칠판, 분필, 교사용 책상

목표

- 시험불안 줄이기
- 도움 주고받기
- 경쟁 다루기
- 화합과 집단정신 기르기
- 눈맞춤하기

게임방식 : 시험을 보는 것은 고독한 일이다. 만약 모든 답을 우리 자신이 찾아내는 대신에 친구들에게서 도움을 받을 수 있다면 멋지지 않을까? 하나의 문제는 우리는 어느 것도 배우지 못할 거라는 점이다. 아 그래. 우린 꿈을 꿀 수는 있다. 안 그런가? 자, 여기에 꿈속의 시험은 어떤 것일지가 나와 있다.

한 참가자가 시험을 보아야 한다. 그 사람은 방을 나간다. 교사가 어려운 문제를 보드에 적는다. 그리고 보드를 엎어 놓는다. 다른 참가자들은 교사의 뒤에 앉아 있다. 시험을 보아야 하는 학생이 돌아와서 교사와 보드 사이에 선다. 교사는 시험문제를 읽어 준다. 그 학생이 대답을 하려고 노력할 때 다른 참가자들이 손짓, 속삭임 같은 모든 종류의 단서를 주어 돕는다.

예 : 공룡은 얼마나 오래전에 지구에서 돌아다녔나?

생각해 볼 점

- 시험 볼 때 여러분은 두려운가?
- 지금 두려운 사람이 있는가?

- 이와 같은 역할극과 진짜 시험의 차이는 무엇인가?
- 무엇이 시험을 그렇게 두렵게 만드는가?
- 일상생활의 어떤 상황이 시험과 같은가?
- 만약 시험공부를 열심히 해서 모든 자료를 안다면 시험이 재미있을까?

역할극

- 나는 시험을 통과하지 못했다. 이제 어떻게 할 것인가?
- 이상한 클럽의 가입시험

관련게임

6~7 : 내가 할 수 있는 것 ◆ 33~40 : 너와 함께 작업하기 ◆ 45~51 : 협동 게임
◆ 59 : 헬퍼(도와주는 사람) 게임 ◆ 61 : 도와 달라고 외치기 ◆ 72 : 줄다리기 **II**

◆ 73 : 나-너-우리 주사위　◆ 75 : 공손한 야생동물　◆ 74 : 슬로모 테니스
◆ 79 : 루머　◆ 82 : 뱀파이어　◆ 97~101 : 팬터마임 극

_101가지 더 많은 생활기술 게임_에 있는 관련게임

11~12 : 내가 생각하는 것　◆ 30 : 머리는 정직하고, 꼬리는 거짓말을 한다
◆ 40~45 : 너와 함께 작업하기　◆ 75 : 칭찬 대통령　◆ 77 : 위협의 원

돕기 게임

도와 달라고 외치기

목표

- 도움 주고받기
- 공격성 없는 신체접촉하기
- 신뢰 발달시키기
- 애정 보여 주기
- 워밍업하기
- 접촉하고 의사소통 향상하기
- 집단정신 발달시키기
- 사회적 인식 향상하기

게임방식 : 세 집단을 만들어 번호를 1, 2, 3으로 붙인다. 모든 참가자는 무작위

로 방 안에서 돌아다닌다. 집단리더는 "집단 3!"처럼 한 집단의 이름을 부른다. 집단 3의 모든 구성원이 소리치고, 신음을 하고, 도와 달라고 외친다. 그다음 슬로모션으로 앉고, 넘어지고, 기절한다. 집단 1과 2의 구성원들은 이 참가자들을 붙들어 넘어지지 않도록 하기 위해서 달려온다. 넘어지는 사람은 누구든지 여러 사람에 의해서 다시 살아나며 세심하게 뒤를 받쳐 주는 도움을 받는다. 잠시 후 집단리더는 다른 번호의 집단을 부르고 게임은 계속된다.

생각해 볼 점

- 어떤 다른 종류의 도와 달라는 외침이 있는가?
- 들리지 않았던 도와 달라는 외침의 예는 무엇인가?

역할극 : 한 가족이 저녁에 집에 앉아 있다. 조용하다. 갑자기 그들은 길에서 도와 달라는 외침을 들었다고 생각한다. 그들은 이것이 무엇인지 추측한다. 무엇을 해야 할까?

관련게임

47 : 휴대용 카세트 ◆ 57 : 해결 기억과 이 게임에서 제시된 관련게임 모두

◆ 60 : 친절한 시험 ◆ 62 : 응급구조함 ◆ 75 : 공손한 야생동물 ◆ 77 : 프론트 라인

◆ 81 : 유령과 여행자 ◆ 82 : 뱀파이어 ◆ 83 : 양의 탈을 쓴 늑대

*101가지 더 많은 생활기술 게임*에 있는 관련게임

77 : 위협의 원 ◆ 80 : 대결

응급구조함

준비물 : 필기/그리기 할 종이와 펜/연필, 잡지와 가위(선택사항), 여행가방

목표

- 도움 주기
- 사회적 인식 향상하기
- 화합과 애정 표현하기
- 사려 깊게 주는 것을 발달시키기
- 관계 향상하기와 집단정신 발달시키기

게임방식 : 이 게임은 아동이 여행을 떠날 때나 지역으로부터 멀리 갈 때 사용되는 수단이다. 다른 참가자들 각각은 종이 조각에 그 아동이 여행할 때 도움이 될 것을 쓴다. 그것은 그림, 사진, 드로잉이 될 수도 있다. 차례로 참가자들은 그들의 종이 조각을 원의 중앙에 있는 여행가방에 넣고 자신들의 제안이 여행하는 아동에게 도움이 될 방식을 설명한다.

변형 : 혼자 여행을 가는 대신에 학생은 부모님과 함께 다른 주로 갈 예정이다.

생각해 볼 점

- 여러분은 어떤 선물이 가장 기뻤는가?
- 여러분 반친구들은 여러분을 얼마나 잘 알고 있는가?

관련게임

1~5 : 내가 좋아하는 것 ◆ 45~51 : 협동 게임 ◆ 61 : 도와 달라고 외치기
◆ 63 : 난 우물에 빠졌어

*101가지 더 많은 생활기술 게임*에 있는 관련게임

26 : 안녕, 잘 가 ◆ 34 : 그림 선물 ◆ 35 : 예 아니요 예 아니요 ◆ 67~73 : 관계 게임

돕기 게임

난 우물에 빠졌어

목표

- 다른 사람 돕기
- 애정 보여 주기
- 창의성과 민첩함 향상하기
- 파트너십 발달시키기

게임 방식 : 한 참가자가 원의 중앙에 서 있다. 갑자기 그 학생이 바닥에 주저앉아서 소리친다. "난 우물에 빠졌어!" 다른 참가자들이 묻는다. "누가 널 끌어내

야 하지?" 떨어진 사람은 콘테스트를 설명하는 것으로 답한다. 예를 들어 가장 웃긴 얼굴을 한 사람이나 가장 큰 소리로 웃는 사람, 또는 가장 오래 숨을 참는 사람이 이기는 콘테스트다. 빠진 사람이 지시한 과제를 가장 잘 수행한 사람을 '헬퍼'로 고른다. 헬퍼는 이제 빠진 참가자를 우물에서 꺼내고 역할을 바꾸어 이번엔 헬퍼가 우물에 빠진다.

관련게임

57 : **해결 기억**에서 제시된 관련게임 모두 ◆ 62 : **응급구조함** ◆ 64 : **경호원**

돕기 게임

경호원

목표

- 힘과 화합 발달시키기
- 공격 없이 이기기와 지기
- 협동 배우기
- 집단 안에서의 통합과 무능함 다루기
- 집단에 의지하기
- 집단 안에서 신뢰 발달시키기
- 두려울 때 안식처 찾기

게임방식 : 어떤 사람이 '술래'로 뽑히고 방의 가운데로 간다. 다른 참가자들은 방의 한쪽에 선다. 그들 중 한 사람이 '유명인사'로 자원한다. '술래'는 누가 유명인사인지 듣는다. 게임은 집단이 방의 다른 쪽으로 걸어가는 것이다. 그동안 '술래'는 같이 걸어가면서 유명인사를 붙잡으려고 하고 집단은 그것을 막으려 한다. 만약 '술래'가 '유명인사'를 잡으려고 손을 내밀고 있는 동안 우연히 집단의 어떤 사람을 건드리면, 그들은 5초 동안 얼어붙거나 앉아 있는다. 게임을 하는 동안 아무도 상처받거나 공격적으로 밀려서는 안 된다.

변형 : 술래는 누가 유명인사인지 모른다. 술래는 가능한 한 많은 사람들을 접촉한다. 그는 유명인사에게 표를 정확하게 붙일 수 있다.

주의사항 : 이 게임은 교실보다 크고 더 개방된 공간에 더 잘 맞는다.

생각해 볼 점

- 유명인사가 되는 건 어떤 느낌인가?

- 경호원들은 종종 보호를 많이 할 필요가 있는가?
- 약하다고 느낀 적이 있는가?
- 무엇이 여러분을 도왔는가?
- 어떻게 도움을 받았는가?
- 여러분 자신을 도울 수 있었는가?

관련게임

63 : 난 우물에 빠졌어 ◆ 65 : 오빠, 도와줘! 언니, 도와줘! ◆ 75 : 공손한 야생동물

◆ 79 : 루머 ◆ 80 : 칭찬 ◆ 81 : 유령과 여행자 ◆ 82 : 뱀파이어

◆ 83 : 양의 탈을 쓴 늑대 ◆ 93~96 : 동화 게임

*101가지 더 많은 생활기술 게임*에 있는 관련게임

48 : 어두운 숲 속에서 길을 잃다 ◆ 49 : 뿌리에 걸려 넘어지다 ◆ 50 : 수풀을 통과해서

◆ 52~59 : 협동 게임 ◆ 60~66 : 통합 게임 ◆ 74~84 : 공격성 게임

돕기 게임

오빠, 도와줘!
언니, 도와줘!

목표

- 도움을 구하고 도움을 주기
- 애정과 의존을 보여 주기
- 화합과 파트너십 발달시키기
- 협동과 집단정신 기르기
- 집단 통합하기

게임방식 : 중요한 전환(twist)이 있는 태그 게임. 한 참가자가 '술래'로 뽑혀서 다른 사람을 붙잡으려 한다. 붙잡힐 순간이 된 참가자는 다른 사람에게 손을

오빠,
도 와줘!

뻗으며 "오빠, 도와줘!" 또는 "언니, 도와줘!"라고 외친다. 붙잡힐 때 다른 사람의 손을 잡고 있는 사람은 '안전하다.' 만약 잡힌 참가자가 다른 사람의 손을 잡고 있지 않았다면 그 사람이 '술래'가 된다. 게임을 계속하기 위해서 참가자들은 최대 10초까지 손을 잡을 수 있다.

생각해 볼 점

- 마지막으로 다른 사람에게 도와 달라고 했던 때가 언제였는가?
- 여러분이 이 게임에서 할 수 있는 것처럼 여러분은 항상 다른 사람에게 도와 달라고 할 수 있는가?
- 이 게임에서 도움을 구하는 사람은 무시될 수 없다. 실제 생활에서 도움이 필요한 사람을 무시하는 것이 더 쉬운가?
- 돕는 일은 항상 쉬운가?
- "도움을 구하라(reaching out for help)"는 표현이 있다. 이 말의 의미는 무엇인가?

관련게임

5 : 좋은 요정 ◆ 31 : 네가 나를 움직여 ◆ 33~40 : 너와 함께 작업하기

◆ 45~51 : 협동 게임 ◆ 64 : 경호원 ◆ 66 : 얼음 술래잡기 ◆ 77 : 프론트 라인

◆ 93~96 : 동화 게임

101가지 더 많은 생활기술 게임에 있는 관련게임

20 : 성격의 조각 ◆ 40~45 : 너와 함께 작업하기 ◆ 60~66 : 통합 게임

◆ 74~84 : 공격성 게임

돕기 게임

얼음 술래잡기

목표

- 도움이 되기
- 애정 보여 주기
- 결속과 파트너십 기르기
- 협동 기르기
- 집단 통합하기

게임방식 : 한 참가자가 '술래'가 된다. 그가 접촉하는 사람은 누구나 '얼어서 동작을 멈춘다.' 즉 그가 접촉되었을 때 어떤 자세였든지 그 자세로 멈춘다. 다른 참가자들은 그를 터치하며 "자유!"라고 외쳐 다시 살게 할 수 있다. 자유롭게 된 참가자는 게임을 계속할 수 있다.

변형

- 동작정지된 사람은 누구든지 발을 벌리고 서 있는다. 다른 참가자가 그의 다리 밑으로 기어서 통과할 때 그는 자유롭게 된다.
- 동작정지된 사람들은 만약 업혀서 '병원'(방의 한쪽 코너)으로 옮겨진다면 자유로워질 수 있다. 그들은 옮겨지는 동안 잡힐 수 없다.
- 동작정지된 참가자들은 두 사람의 참가자가 손을 잡아 준다면 풀려날 수 있다.

생각해 볼 점

- 충분히 도움을 받지 못했다고 느끼는 참가자가 있는가?
- 도움을 기다리는 것은 어떤 느낌인가?
- 누군가를 자유롭게 해 주는 것은 어떤 느낌인가?

- 실제 생활에서 사람이 풀려나길 기다리는 상황이 있는가?
- 생활에서 어떤 사람을 풀어 주기 쉬운 상황의 이름을 말해 보라.

관련게임

57 : **해결 기억**에서 제안된 관련게임 모두 ◆ 65 : **오빠, 도와줘! 언니, 도와줘!**

◆ 67 : **악어의 눈물**

돕기 게임

악어의 눈물

준비물 : 풍선 하나

목표

- 공격성 없는 신체접촉하기
- 도움 주고받기
- 파트너십과 결속 기르기
- 끈기 있게 도움을 믿기
- 도움으로 애정을 보여 주기

게임방식 : 시작하기 전에 아동들에게 게임하는 동안 '상처 입는' 일에 자원할 사람을 요청하고 한 참가자를 '술래'로 뽑는다. 술래인 사람은 누구든지 풍선으로 팔, 다리, 머리를 접촉해서 사람들을 붙잡는다. 붙잡힌 참가자는 다른 참가자가 풍선으로 닿은 부위를 붕대로 감아 주는 척할 때까지 우는 척을 한다. 다친 사람은 너무 많이 울어서 어디가 다쳤는지 보여 주거나 말하지 못한다. 그러나 그는 헬퍼가 상처받은 부위를 추측하자마자 울음을 멈춘다. 참가자들은 상상의 붕대를 한 후에 다시 돌아다니기 시작할 수 있다. 헬퍼들은 다른 사람을 돕고 있는 동안 붙잡히지 않는다.

변형 : '희생자'로 자원할 한 사람을 요청하라. 희생자가 선택된 후에 한 참가자가 그의 귀에 가짜 모욕을 속삭인다. 그에 대한 반응으로 희생자는 흐느껴 운다. 다른 참가자들이 무슨 일이 일어났는지 또는 무슨 말을 들었는지 물어서 돕는다. 모욕당한 참가자는 단지 "예", "아니요"로만 대답하게 된다. 왜 그 사람이 흥분했는지 그들이 일단 알면, 참가자들은 그를 위로해서 상처받은 사람을 돕는다.

생각해 볼 점

- 어떤 사람이 여러분에게 의도적으로 상처를 주었던 마지막 시기가 언제 인가?
- 다른 사람에게 신체적 고통을 줄 권리가 있는 사람이 있는가? 여러분이 우연히 다른 사람에게 신체적 고통을 준 사건에 대해 말하라. 정서적 고통도 있다. 예를 들어 보라.
- 정서적 고통이 신체적 고통보다 더 나쁜가?
- 정서적 고통은 예방할 수 있는가?
- 여러분은 정서적 고통으로부터 자신을 어떻게 보호하는가?
- 정서적 고통은 어떻게 다룰 수 있는가?

역할극

- 운동장에서의 싸움
- 여러분은 의도적으로 그것을 했다!

관련게임

61 : **도와 달라고 외치기**에서 제시된 관련게임 모두 ◆ 66 : **얼음 술래잡기**
◆ 68 : **옮기기 도움**

옮기기 도움

목표

- 도움 주고받기
- 다른 사람을 돕는 동안 인내심 발달시키기
- 비언어적으로 의사소통하기
- 협동과 집단정신 발달시키기
- 파트너십 발달시키기
- 민감성과 공감 발달시키기

게임방식 : 팬터마임에서 한 참가자가 움직이기 어려운 물건을 보여 준다. 그는 그 물건을 나르고, 끌거나 민다. 다른 참가자 중에 그 물건이 무엇인지 안다고 생각하는 사람은 합류한다. 만약 그 사람이 다른 물건을 생각하고 있다고 팬터마임의 다른 참가자가 생각한다면 그 사람을 정확하게 고쳐 줄 수 있다. 그는 또한 그것이 어디 있고 어떤 방식으로 잡고 있는지 보여 준다. 물건은 잠시 내려놓을 수 있다. 헬퍼는 만약 서투르게 행동하면 보내질 수 있으며 여러 헬퍼들은 동시에 도울 수 있다. 그들의 목표는 방의 다른 쪽에 도달하는 것이다. 그렇게 했을 때 모든 헬퍼는 쪽지에 물건 이름을 적고 쪽지를 비교한다. 그리고 그 물건을 보고 있던 참가자들은 그것이 무엇인지 추측하려고 한다.

변형 : 팬터마임으로 어떤 사람이 집을 짓는 걸 돕는다.

주의사항 : 팬터마임 게임에서는 크고 작은 움직임이 최선이다. 팬터마임에 대한 이전 경험이 도움이 될 수 있다(예 : 97번 게임, **더 강해지기**).

생각해 볼 점

- 모든 사람이 이것이 같은 대상이라고 추측했는가 또는 다른 사람은 그것이 물안경이라고 생각하는 반면에 누군가는 그들이 코끼리를 끌고 가는 거라고 생각했는가?
- 여러분의 도움이 필요하다고 깨달았는가? 여러분은 서로 잘 도왔는가?
- 여러분은 어떻게 의사소통을 했는가?
- 헬퍼를 안내하는 게 쉬웠는가?
- 헬퍼가 너무 많이 도와주었는가? 여러분은 서로에게 많은 인내가 필요했는가?

역할극

- 어째서 나는 항상 도와야 하는가?
- 내가 하게 두세요!
- 만약 여러분이 돕고 싶지 않다면, 나는 여러분의 도움이 필요하지 않아요!

관련게임

33~40 : **너와 함께 작업하기** ◆ 67 : **악어의 눈물** ◆ 69 : **나르기 콘테스트**
◆ 84~92 : **동상과 조각하기 게임** ◆ 97~101 : **팬터마임 극**

*101가지 더 많은 생활기술 게임*에 있는 관련게임

40~45 : **너와 함께 작업하기** ◆ 85~90 : **동상과 조각하기 게임**

나르기 콘테스트

목표

- 파트너십과 숙련된 협동 발달시키기
- 협동활동
- 수행과 경쟁의 압력 다루기
- 이기고 지는 것 다루기
- 계획하기
- 파트너에게 의지하기

게임방식 : 이것은 체육관 게임이다. 집단리더는 참가자들을 짝을 지어 나눈다. 그런 다음 그들에게 두 개의 긴 더플백(이 백들은 집단 연령에 따라 베개나 샌드백으로 채운다.)을 체육관의 한쪽 끝에서 다른 쪽 끝으로 나르라고 지시한다. 두 번째 더플백은 첫 번째 더플백이 반대쪽 벽에 닿기 전에는 나를 수 없다. 모든 쌍은 오직 한 번만 한다.

리더는 이 미션을 달성하는 여러 방식이 있다고 집단에게 알려 준다. 두 개의 백은 각 파트너가 따로 옮기거나 하나의 백을 둘이 함께 옮기고 난 뒤 다른 것을 옮길 수 있다. 각 쌍은 만나서 어떤 방법을 선택했는지 심판에게 말한다.

참가자들은 초시계를 사용해 기록을 잴 수 있다. 더플백을 혼자서 가장 빨리 옮긴 사람은 누군가? 어떤 쌍이 가장 빨리 옮겼는가? 연속해서 가장 빨리 옮긴 쌍은 누구인가? 더플백을 개별적으로 하나를 옮기고 난 뒤 다른 것을 옮기는 데 가장 빨랐던 쌍은 누구인가?(만약 두 시간 모두를 합친다면?)

심판은 달성한 시간을 차트에 기입한다. 모든 쌍이 하고 난 후에 집단리더는 비공식적인 시상식을 갖는다. 그다음 리더는 참가자들이 다른 파트너와 기록을 수립하는 기회를 주기 위해 참가자들이 다른 짝을 만들게 한다.

주의사항

- 1초 동안 게임을 하는 것은 참가자들이 첫 번째 라운드에서 배운 것을 적용할 기회를 주기 때문에 중요하다. 학습은 행동의 변화를 일어나게 한다.
- 이 게임은 공원에서 출발선과 결승선을 사용해 할 수 있다.

생각해 볼 점

- 처음에 방법을 어떻게 선택했는가? 여러분 중 한 사람이 결정했는가 아니면 함께 결정했는가?
- 여러분은 서로 도왔는가?
- 지금은 여러분의 파트너를 더 잘 알고 있는가?
- 파트너는 여러분에게 어떻게 영향을 주었는가?

관련게임

57 : **해결 기억**에서 제안된 관련게임 모두 ◆ 68 : **옮기기 도움** ◆ 70 : **학교의 첫날**

학교의 첫날

준비물 : 학년과 관련 있는 것과 느슨하게 연결될 수 있는 물건이나 그림, 가방이나 백팩

목표

- 학교에 대한 두려움 극복하기
- 소망 표현하기
- 창의성 향상하기
- 낙관성 발달시키기
- 집단정신 발달시키기

게임방식 : 집단리더는 원의 중심에 많은 물건이나 그림, 그리고 빈 가방이나 백팩을 놓는다. 모든 물건이나 그림은 새학년에 대한 소망을 (직접적이나 간접적으로) 나타낸다. 각 학생은 차례로 한 가지 물건이나 그림을 집어 집단의 가방에 넣고 그 물건이 어떤 소망을 나타내는지를 설명한다.

예

- 자명종(정각에 가기)
- 연필(이야기 쓰기)
- 선블록(좋은 날씨)
- 나무 조각(인내심 있는 선생님)

변형

- 소망은 쪽지에 쓸 수 있다. 쪽지는 학년말까지 가지고 있다 되돌려준다. 어떤 소망이 이루어졌나?

- 이 게임은 '선물 게임'으로도 할 수 있다. 참가자들은 학년에 대한 '소망'과 '선물'을 서로에게 준다.
- 새 학년에 대한 학생의 소망은 교사가 준비한 소망과 비교될 수 있다.

관련게임

1~5 : 내가 좋아하는 것 ◆ 41~44 : 집단 워밍업 게임 ◆ 45~51 : 협동 게임 ◆ 69 : 나르기 콘테스트

***101가지 더 많은 생활기술 게임*에 있는 관련게임**

1~10 : 내가 느끼는 것 ◆ 22~34 : 너를 알아 가기 ◆ 40~45 : 너와 함께 작업하기 ◆ 46~51 : 집단 워밍업 게임 ◆ 56 : 교실 설계하기 ◆ 67~73 : 관계 게임 ◆ 74~84 : 공격성 게임

정글 속 동물

목표

- 공격성 없는 신체접촉하기
- 다른 참가자에 대한 신뢰 발달시키기
- 신체접촉이 편안하게 되기
- 공감과 배려 발달시키기
- 의사소통기술 향상하기

게임방식 : 참가자들은 원으로 앉는다. 모두 집단리더를 따라 한다. 집단리더는 손을 바닥에 놓고 주먹을 쥔다. 그런 다음 말한다. "코끼리가 정글을 걸어간다."(모든 사람의 주먹은 바닥을 두드린다.) "코끼리는 산으로 올라가서 평지에 도달한다."(모든 사람의 주먹은 자신들의 다리와 허벅지를 행진해 올라간다.) "코끼리는 오른쪽으로 돈다."(모든 사람의 주먹은 오른쪽에 앉은 사람의 등을 가볍게 친다.) "코끼리는 왼쪽으로 걸어간다."(모든 참가자가 주먹을 오른쪽에 앉은 사람으로부터 자신의 허벅지를 지나 자신의 왼쪽에 앉은 사람의 등으로 옮긴다.) "코끼리는 정글로 돌아간다."(모든 사람은 주먹을 허벅지를 행진해 내려가서 바닥으로 돌아간다.) "코끼리는 토끼를 만난다."(손은 바닥을 깡충 뛰어 지나간다.) "토끼는 산 위로 달려 올라간다."(그리고 이제 주먹으로 쿵쿵 치는 대신에 손으로 깡충깡충 뛴다. 스텝은 반복된다.)

다른 동물 : 사자, 뱀, 홍학, 고릴라….

주의사항 : 집단리더는 아무도 웃어선 안 된다고 말한다. 그들의 접촉이 얼마나 강한지를 평가하는 힘든 시간을 갖는 일부 아동에게서 이 일은 의도하지 않게 일어날 수 있다. 만약 아동이 여러 동물들을 바닥과 자신의 몸 위에서 먼저 시험해 본다면 도움이 된다. 또한 다른 사람들이 부드러운 접촉을 싫어하는 반면

에 어떤 아동들은 강한 접촉을 싫어함을 알게 될 것이다.

생각해 볼 점

- 여러분이 좋아하는 것은 어떤 접촉이고 좋아하지 않는 것은 어떤 접촉인가?
- 거칠게 되지 않기가 어려웠던 것은 어떤 동물인가?
- 여러분 이웃들 사이의 차이점을 알게 되었는가?

관련게임

27~32 : 너를 이해하기 ◆ 33~40 : 너와 함께 작업하기 ◆ 41~44 : 집단 워밍업 게임 ◆ 45~51 : 협동 게임 ◆ 52 : 얼어나! ◆ 61 : 도와 달라고 외치기 ◆ 72 : 줄다리기 II ◆ 88 : 마네킹

***101가지 더 많은 생활기술 게임*에 있는 관련게임**

25 : 집잽 이름들 ◆ 40~45 : 너와 함께 작업하기 ◆ 48 : 어두운 숲 속에서 길을 잃다 ◆ 49 : 뿌리에 걸려 넘어지다 ◆ 50 : 수풀을 통과해 ◆ 74 : 좋은 것

공격성 게임

줄다리기 Ⅱ

준비물 : 적어도 10~15피트(3~4.5미터) 길이의 강한 밧줄, 쿠션이나 매트리스
(선택사항)

목표
- 협동 배우기
- 화합 발달시키기
- 아웃사이더 통합하기
- 다른 사람 돕기
- 승리와 패배 경험하기

게임방식 : 모든 참가자는 번호를 받는다. 모든 참가자는 원으로 앉는데 원 중심
바닥에 밧줄이 있다. 집단리더는 홀수와 짝수 두 개의 번호를 부른다. 그 번호
를 갖고 있는 참가자들은 밧줄을 잡고 반대방향으로 당기기 시작한다. 다른 참
가자들은 자발적으로 참가해 그들을 도울 수 있다. 짝수를 가진 참가자들은 짝
수 참가자를, 홀수를 가진 참가자들은 홀수 참가자를 돕는다.

주의사항 : 이 게임에는 많은 방이 필요하다(체육관이나 실외). 안전을 위해 쿠
션과 매트리스가 필요할 수 있다.

생각해 볼 점
- 이기는 팀은 왜 이겼는가?
- 팀리더의 관점에서 본다면 게임은 어떻게 진행되었는가? 제공된 도움에
  대해 그는 실망했는가 아니면 기뻐했는가?
- 팀워크의 기쁨이 패배의 실망을 상쇄했는가?

관련게임

6~7 : **내가 할 수 있는 것** ◆ 27~32 : **너를 이해하기** ◆ 73 : **나-너-우리 주사위**

◆ 71 : **정글 속 동물**과 이 게임에서 제시된 관련게임 모두

공격성 게임

73

나-너-우리 주사위

준비물 : 수정된 주사위(아래 참조), 행동카드(선택사항, 뒤에 있는 마스터 시트 참조)

목표

- 공격성 다루기
- 공감행동 배우기
- 수줍음 줄이기
- 배려, 신뢰, 관용, 애정 보여 주기
- 의사소통 향상하기

게임방식 : 일반 주사위 위에 스티커를 붙인 특수한 종류의 주사위가 준비된다. 숫자 1~6 대신에 주사위의 두 면에는 "나", 두 면에는 "너", 나머지 두 면에는 "우리"를 붙인다.

　모든 참가자는 다른 참가자들이 집단 앞에서 할 수 있는 활동을 생각한다. 이 활동은 고통스럽거나 당황스럽거나 너무 어렵지 않아야 한다.

　원에 있는 모든 참가자는 돌아가며 생각한 활동의 이름을 붙인다. 활동이 무엇인지 말한 후에 그들은 주사위를 던진다. 만약 주사위가 "나" 면을 보여 주면 그들 자신이 활동을 해야 한다. 만약 주사위가 "너" 면을 보여 주면 그들은 다른 참가자에게 활동을 하라고 지시한다. 만약 "우리" 면을 보여 주면 모두가 활동을 한다.

예

- 다른 참가자와 악수를 하거나 하이파이브를 하라.
- 깡충 뛰거나 한쪽 다리로 서라.

● 여러분이 커서 무엇이 되고 싶은지 집단에게 말하라.

변형 : 이 게임은 소집단에서 보드게임으로 할 수 있으며 특히 나이가 많은 아동들에게 좋다. 행동카드(이 게임의 끝부분 참조)를 자른다. 카드보드 위에 18개 게임보드 칸을 원으로 그린다. 세 번째 칸마다 행동칸이고 세 개 행동카드의 맨 위 카드는 위를 아래로 엎어 놓는다. 한 칸은 게임 출발점으로 정한다.

게임은 보통의 주사위로 하며, 주사위를 던졌을 때 보여지는 숫자에 따라 말을 움직인다. 만약 말이 행동칸에 도달하면 참가자는 나-너-우리 주사위를 굴린다. 활동을 한 뒤에는 그 카드는 행동영역 무더기 밑에 놓는다. 게임은 보드의 18개 영역이 원으로 되어 있어서 끝없이 계속할 수 있다. 참가자는 추가 카드를 만들 수도 있다.

주의사항 : 나-너-우리 주사위는 활동이 실제로 수행될 수 있음을 보장하는 한 가지 방식이다. 왜냐하면 그것을 고안한 참가자들은 자신이 그 활동을 할 수도 있다는 걸 알기 때문이다.

관련게임

3 : 소원카드 ◆ 20~40 : 너 게임 ◆ 41~44 : 집단 워밍업 게임
◆ 52~56 : 새로 온 반친구 맞아들이기 ◆ 57~70 : 돕기 게임 ◆ 72 : 줄다리기 Ⅱ
◆ 74 : 슬로모 테니스 ◆ 84~92 : 동상과 조각하기 게임

*101가지 더 많은 생활기술 게임*에 있는 관련게임

22~45 : 너 게임 ◆ 52~59 : 협동 게임 ◆ 67~73 : 관계 게임
◆ 74~84 : 공격성 게임 ◆ 85~90 : 동상과 조각하기 게임

선택행동카드 마스터 시트

다른 사람과 악수하라.	여러분 이웃의 귀에 좋은 말을 하라.	여러분 옆에 있는 사람에게 어떤 사람에 대한 좋은 말을 하라.
다른 참가자의 어깨를 부드럽게 두드리라.	여러분이 방학 때 어디에 가고 싶은지 다른 참가자에게 말하라.	옆에 앉고 싶은 참가자를 한 사람 고르라.
마치 서로 오랫동안 보지 못했던 것처럼 반갑게 한 참가자에게 인사하라.	각 참가자에 대해 좋은 말을 하라.	다른 참가자들 중 한 사람과 짧은 역할극을 하라 : 여러분은 그를 당황하게 했고 그와 함께 수습하려고 모든 노력을 하고 있다.
다른 참가자에게 하이파이브를 하라.	한 참가자에게 여러분에게 행동카드를 하나 골라 달라고 요청하라.	다른 참가자들 중 한 사람과 짧은 역할극을 하라 : 그녀는 슬프다. 그래서 그녀를 위로하기 위해 여러분은 슬픈 이유를 알려고 한다.
여러분이 커서 무엇이 되고 싶은지 집단에게 말하라.	여러분 왼쪽에 앉아 있는 사람에게 여러분이 돈이 많다면 어떤 것을 그에게 사 줄지 말하라.	방 주변에 있는 세 번째 참가자를 같이 옮길 참가자를 한 사람 고르라.
여러분 오른쪽에 앉은 참가자가 장식품으로 좋아할 물건을 방에서 찾으라.	모든 참가자를 부드럽고 친절하게 껴안으라.	다른 참가자에게 농담을 하라.

74

슬로모 테니스

목표

- 공격행동 버리기와 줄이기
- 패배에 대한 분노 다루기
- 움직임 통제하기
- 승리자로서 정중한 행동 배우기
- 경쟁 다루기
- 다른 사람의 능력과 약점을 수용하기

게임방식 : 두 참가자가 슬로모션으로 테니스를 하는 척한다. 매 게임의 시작을 알리는 호루라기를 부는 심판이 있다. 참가자들이 몇 게임을 하고 난 후에 심판은 참가자가 슬로모션으로 가장 명확하게 움직였는지에 근거해 승리자를 고른다.

변형 : 두 집단이 슬로모션으로 서로를 향해 움직인다. 그들이 만났을 때, 슬로모션으로 싸우기 시작한다. 게임 시작 전에 집단리더는 어떤 집단이 질지 결정한다. 만약 참가자들이 다른 라운드를 하길 원하면, 마지막으로 이긴 집단은 진 집단과 게임을 한다. 이긴 팀은 승리에 대한 기쁨을 슬로모션과 팬터마임으로 보여 준다. 진 팀은 어떻게 행동하는가?

생각해 볼 점

- 이겼을 때 여러분은 어떤 기분을 느꼈는가? 여러분이 졌을 때 상대방이 승리에 행복해하는 걸 보면서 어떤 기분이었는가?
- 여러분이 함께 이겼다면 집단에 어떤 효과가 있는가?
- 일상의 어떤 게임에서 여러분이 이길 기회가 큰가?

- 여러분이 피하는 전투 게임이 있는가? 전투 게임은 여러분을 긴장하게 만드는가?
- 접촉하는 스포츠를 한 후에 상대방에게 화를 느꼈었나?
- 여러분은 승리자나 패배자에게서 어떤 행동을 보는 걸 좋아하는가?
- 여러분은 무술을 보는 걸 좋아하는가?

주의사항 : 슬로모션으로 게임하는 것은 특히 어렵다. 좋은 실제 연습은 도보경주를 슬로모션으로 하는 것이다. 게임리더의 신호에 따라 5명의 참가자들이 방의 한쪽 편에서 동시에 출발한다. 움직임은 100야드 달리기의 움직임과 비슷해야 한다. 움직임이 절대로 정지되어선 안 된다. 움직임을 멈추는 사람은 누구든 게임에서 탈락이다. 방의 다른 쪽 편에 도달한 마지막 참가자가 이긴다.

역할극
- 내가 진 건 불공평해!
- 우리가 진 건 너 때문이야!
- 걔가 이걸 시작했어요!
- 불평등한 싸움

관련게임
31 : **네가 나를 움직여** ◆ 32 : **설상가상으로** ◆ 33~40 : **너와 함께 작업하기**
◆ 43 : **인사하기 게임** ◆ 44 : **좋은 아침!** ◆ 50 : **줄다리기** ◆ 64 : **경호원**
◆ 67 : **악어의 눈물** ◆ 73 : **나-너-우리 주사위** ◆ 75 : **공손한 야생동물**
◆ 77 : **프론트 라인** ◆ 81 : **유령과 여행자** ◆ 82 : **뱀파이어**

*101가지 더 많은 생활기술 게임*에 있는 관련게임
40~45 : **너와 함께 작업하기** ◆ 48 : **어두운 숲 속에서 길을 잃다** ◆ 79 : **전쟁춤**
◆ 80 : **대결**

75

공손한 야생동물

목표

- 공격행동 줄이기
- 두려움 다루기
- 집단이 보호해 준다는 것을 인정하기

게임방식 : 모든 참가자는 야생동물처럼 바닥 위를 어슬렁거린다. 서로 만났을 때 공격적으로 행동한다. 하지만 서로 건드리지는 않는다.

변형

- 한 집단의 고양이와 개가 만난다.
- 집단은 세 개의 작은 집단으로 나뉜다. 집단 A와 B는 많은 팔과 다리를 가진 환상적인 몬스터가 된다. 집단 C는 주변을 돌아다니며 으르렁거리며 위협하는 몬스터에 반응한다.
- 집단은 네 개의 작은 집단으로 나뉜다. 각 집단은 하나의 몬스터이다. 그

들은 만나서 서로 싸우는 흉내를 낸다.

- 두 몬스터가 만난다. 그들은 서로 으르렁거린다.
- 자원자가 방 가운데에 있는 석기시대 동굴에 앉아 있다. 6명의 참가자가 동굴을 만든다. 집단리더의 신호에 따라 동물 한 마리가 동굴에 접근한다. 이것은 동굴 주변의 뱀일 수 있으며 구멍을 통해 동굴 속으로 기어 들어오고, 동굴에 사는 사람을 건드릴 수 있다. 그러나 동굴 주인에게 상처를 입혀서는 안 된다. 집단리더의 신호에 따라 그 동물은 방의 측면으로 물러나고 새로운 동물이 차례로 동굴에 사는 사람에게 접근한다.

주의사항

- 참가자들은 서로의 귓속에 소리를 질러선 안 된다. 만약 게임이 너무 공격적이 되면 집단리더는 "슬로모션"이나 "정지!" 명령을 사용할 수 있다.
- 이 게임을 한 후에 이완을 위해 재미있는 움직임 게임(41~44번 게임, **집단 워밍업 게임** 참조)을 해야 한다. 만약 그 후에 참가자들이 작업에 초점을 두어야 한다면 마지막에는 집중 게임을 할 수 있다.

생각해 볼 점

- 무엇이 여러분에게 가장 두려웠는가 : 으르렁거림 혹은 조용한 으르렁거림? 갑작스러운 침묵? 동물이 가까이 있는 것? 동물의 놀라운 풍경? 몰래 하는 접근 혹은 사나운 접근?
- 여러분은 긴장을 풀기 위해 무엇을 했는가?
- 일상에서 다른 사람들의 어떤 행동이 위협적이라고 느껴지는가?
- 일상생활에서 여러분은 특정 동물을 두려워하는가?
- 여러분은 야생동물처럼 영향을 줄 수 있는가?
- 다른 사람에게 영향을 주는 걸 즐기는가?

역할극 : "석기시대인" - 정찰병이 동굴에 달려와 한 무리의 야생동물이 접근하고 있다고 알린다. 집단은 빨리 방어책을 결정한다.

관련게임

45~51 : 협동 게임 ◆ 74 : 슬로모 테니스 ◆ 76 : 탐정 ◆ 77 : 프론트 라인

◆ 78 : 평화의 말 ◆ 81 : 유령과 여행자 ◆ 82 : 뱀파이어 ◆ 83 : 양의 탈을 쓴 늑대

◆ 84~92 : 동상과 조각하기 게임

*101가지 더 많은 생활기술 게임*에 있는 관련게임

46~51 : 집단 워밍업 게임 ◆ 77 : 위협의 원 ◆ 78 : 다툼 ◆ 79 : 전쟁춤

◆ 80 : 대결 ◆ 81 : 시련

공격성 게임

탐정

준비물 : 필기할 종이와 펜/연필, 테이프, 게임카드, 기억 게임에서 쓰는 카드 혹은 각 카드에 일치하는 하나의 카드가 있는 다른 카드 세트

목표

- 불신과 의심 다루기
- 죄의식과 떳떳지 못한 마음 다루기
- 발견될 것에 대한 두려움 다루기

게임방식 : 참가자들을 두 집단으로 나눈다. A집단에는 범죄자들이, B집단에는 탐정들이 있다. 집단리더는 A집단의 참가자들에게 기억카드를 주는데 그들은 기억카드를 모두 볼 수 있게 손에 쥐고 있다. B집단의 참가자들은 A집단의 기억카드와 일치하는 기억카드를 받는다. 그러나 B집단의 참가자들은 자신들의 카드를 보여 주지 않는다. 이제 B집단의 탐정들 각각은 자신들이 어떤 의심도 일으키지 않고 추적해야 할 A집단의 참가자가 누구인지 알고 있다. 탐정들은 A집단의 참가자들이 개입했던 범죄를 알아내야 한다. 그런 목적을 위해서 각 범죄자들은 그들이 저지른 범죄의 시간과 장소를 포함하는 범죄를 상상하여 종이 쪽지에 쓰고 그 종이를 단어별로 잘라 낸다. 그리고 옷의 여러 부분에 단어들을 테이프로 붙인다. 이제 모든 참가자는 방을 걸어 다닌다. 가능한 한 눈에 띄지 않게 탐정들은 범죄자들에게 핀으로 꽂아 놓은 단어들을 읽으려 노력한다. 단어를 읽어 내자마자 범죄자들이 저지른 범죄를 그들에게 말하며 범죄자를 체포한다. 범죄자들은 탐정에게 그들이 뒤를 밟히고 있는 걸 안다고 말함으로써 탐정을 게임에서 빠지게 할 수 있다.

예:

6월 18일	난 훔쳤다
보석	가게에서	마킷 스트리트

생각해 볼 점

- 여러분은 장난을 한 지 오랜 후에 발견될까 봐 두려웠던 적이 있는가?
- 여러분에 대한 사람들의 불신에 어떻게 대처하는가?
- 여러분이 한 실수를 어떻게 처리하는가?
- 여러분이 잘못했을 때 그것을 인정하는 것이 어려운가?
- 누가 여러분의 실수에 대해 말할 수 있는가?
- 여러분이 했음을 절대로 인정하지 않을 실수나 나쁜 짓은 무엇인가?

역할극

- 여러분은 친구에게 나쁜 실수를 했음을 인정한다. 그는 모든 일을 여러분 부모님에게 고백해서 문제를 해결하라고 여러분을 납득시키려 한다.
- 교실에서 지갑이 도난당했다. 모든 사람이 서로를 의심한다. 여러분은 몇몇 반친구들이 여러분을 몰래 의심하고 있다고 느낀다.
- 여러분은 어떤 반친구가 학교벽 위에 그라피티를 하는 데 참여했다고 강하게 의심하고 있다.

관련게임

60 : 친절한 시험 ◆ 65 : 오빠, 도와줘! 언니, 도와줘! ◆ 66 : 얼음 술래잡기 ◆ 75 : 공손한 야생동물 ◆ 79 : 루머

101가지 더 많은 생활기술 게임에 있는 관련게임

30 : 머리는 정직하고, 꼬리는 거짓말을 한다 ◆ 31 : 소문 공장 ◆ 35 : 예 아니요 예 아니요 ◆ 36 : 스파이 ◆ 38 : 스무 고개 ◆ 39 : 꼬투리 안에 콩알 두 개 ◆ 82 : 보안요원 ◆ 83 : 첩보원 게임 ◆ 84 : 추적

77

프론트 라인

목표

- 공격행동 줄이기와 버리기
- 집단에 의해 보호받기
- 집단 내에서 움직임을 조화시키고 협동하기
- 가까움과 멂 시험하기

게임방식 : 모든 참가자는 파트너를 고른다. 서로 얼굴을 마주 보며 두 줄 혹은 '프론트 라인'을 이루기 위해 각 파트너는 방의 반대편으로 가서 자신의 파트너를 향한다. 각 줄은 몇 분 안에 리드미컬한 '전투' 스텝을 정한다. 이 스텝은 리드미컬한 손뼉이나 다른 소리와 함께 할 수 있다. 준비가 되면 두 개의 프론트 라인은 서로를 향해 움직이기 시작한다. 프론트 라인 A는 몇 발자국을 가서 멈춘다. 프론트 라인 B는 대응해서 몇 발자국을 앞으로 나가고 멈춘다. 다시

프론트 라인 A가 앞으로 행진한다. 두 집단이 서로 매우 가까워져서 얼굴과 얼굴을 마주하게 되면, 그들은 리드미컬한 후퇴를 하며 뒤로 움직이기 시작한다.

변형

- 소집단이 큰 집단과 만난다.
- 북 치는 사람들 집단이 싸우는 전사들 라인을 지원한다.
- 개별 관찰자들이 방 중앙에 서 있다. 상황이 그들에게 얼마나 위험한가?
- 공격적/중립적/부드러운 음악에 맞춰서 두 집단이 서로에게 접근한다. 이 변형은 게임이 끝날 때 이완을 위해 실시될 수 있다.

주의사항 : 진짜 대치하는 것을 피하기 위해 서로 좋아하는 파트너들만 서로 대항하는 위치에 있어야 한다. 그렇게 하더라도 어떤 공격적 분위기가 생길 수 있는데 이것은 공격성을 촉진하는 조건에 대해 안전한 방식으로 생각하는 기회를 우리에게 제공한다.

생각해 볼 점

- 여러분은 좋게 느꼈는가 아니면 그 게임이 여러분에게 불쾌했는가?
- 무엇이 여러분으로 하여금 공격성을 느끼게 만드는지 여러분은 아는가?
- 비슷한 상황의 TV쇼를 본 적이 있는가? 그것을 본 여러분에게 그 쇼는 어떤 영향을 주었는가?
- 다음으로 참가자들의 행동이 여러분에게 어떤 영향을 주었는가?

역할극 : 라디오 기고가들의 보고서는 도시에서 일어난 시위로 먹고산다.

관련게임

74 : 슬로모 테니스 ◆ 75 : **공손한 야생동물** ◆ 76 : **탐정** ◆ 45~51 : **협동 게임**
◆ 78 : **평화의 말** ◆ 91 : **사진을 연기하기**

***101가지 더 많은 생활기술 게임*에 있는 관련게임**

79 : **전쟁춤** ◆ 80 : **대결** ◆ 81 : **시련**

78

평화의 말

준비물 : '평화카드'를 진행 전에 미리 준비한다(마스터 시트 참조).

목표

- 언어적, 비언어적으로 평화적인 행동을 표현하기
- 신체언어를 관찰하고 이해하기
- 신체언어로 기분과 의도 표현하기
- 애정과 싫음 표현하기
- 사회적 인식 훈련하기
- 신체언어와 언어적 표현 사이의 모순 인지하기

게임방식 : 참가자들은 네 집단으로 나뉜다. 게임의 목적은 참가자들이 사인 (sign) 언어를 사용하여 평화적인 의도를 전달하는 방식을 생각하는 것이다. 각 집단은 16장의 카드를 받고 그중에서 4장을 고른다. 그런 다음 카드에 있는 메시지를 전달할 사인을 만든다. 한 참가자가 다른 참가자들에게 이러한 사인을 가능한 한 분명하게 보여 준다. 그리고 그것을 본 다른 참가자들은 그 사람이 나타내려고 하는 것이 무엇인지 알아맞힌다.

변형

- 맞지 않는 행동 : 한 참가자가 카드 한 장을 들고 써 있는 문장을 읽는다. 그러나 몸짓과 얼굴표정으로 읽은 내용과 다른 것을 보여 준다.
- 참가자들이 평화카드에 있는 문장을 나타내는 그림을 그린다. 다른 집단 의 참가자들이 사인으로 추측한 것처럼 그 의미를 추측해 낸다.

생각해 볼 점

- 여러분의 게임 파트너는 여러분의 행동에 어떻게 반응했는가?
- 여러분은 평화로운 의도를 어떻게 알 수 있었는가?
- 여러분은 신체언어를 항상 믿는가?

관련게임

7 : 내가 할 수 있는 걸 맞혀 봐 ◆ 33~40 : 너와 함께 작업하기

◆ 45~51 : 협동 게임 ◆ 57~70 : 돕기 게임 ◆ 77 : 프론트 라인 ◆ 80 : 칭찬

◆ 84~92 : 동상과 조각하기 게임 ◆ 97~101 : 팬터마임 극

*101가지 더 많은 생활기술 게임*에 있는 관련게임

4 : 기분을 표현하는 신체언어 ◆ 36 : 스파이 ◆ 79 : 전쟁춤 ◆ 80 : 대결

마스터 시트

다음에 있는 16개 문장은 별개의 카드에 쓰여 있다.

날 봐, 난 무기가 없어.	난 온순해.	날 도와줘!	내 운명은 네 손에 달렸어.
더 가까이 오는 게 너한테 안전해.	이리 와, 내가 널 저녁 식사에 데려갈 거야.	난 너와 친구가 되고 싶어.	온화해져.
난 널 믿어.	우리집에 와서 묵으세요.	우리 다시 친구 하자.	난 너를 존중해.
난 기분이 좋아.	난 네가 좋아.	봐, 난 무기를 내려놓고 있어.	여기 있는 모든 사람에게 기회가 있어.

루머

목표

- 아웃사이더와 나쁜 루머 확인하기
- 거절 다루기
- 가까움과 멂 느끼기
- 불공평에 대응하기
- 죄책감 다루기

게임방식 : 참가자들은 원으로 서 있다. 한 자원자가 천천히 걸어서 원 안을 돌아다닌다. 다른 참가자들은 그가 지나갈 때 다른 참가자의 귀에 불쾌한 루머를 속삭이는 척한다. 그다음 자원자는 모든 사람이 자기에 대한 불쾌한 루머를 이야기할 때 어떻게 느꼈는지 곰곰이 생각해 본다.

예

- "쟤는 도둑이야! 쟤는 도둑이야!"
- "이건 쟤 잘못이야! 이건 쟤 잘못이야!"

주의사항 : 처음의 두 명 혹은 세 명의 자원자들은 쉽게 자신들의 평정을 잃지 않을 인기 있는 아동이어야 한다.

생각해 볼 점

- 여러분은 의심받거나 어떤 고발을 받는다고 느꼈는가? 그런 상황을 어떻게 다루었는가? 누가 여러분을 지지할 수 있었는가? 여러분은 누구에게 의지할 수 있었는가?
- 여러분은 루머에 쉽게 영향을 받는가?

역할극

- 고발과 변호 : 참가자의 반은 고발자 역할을 하고 나머지 반은 고발자가 말한 모든 문장을 반박하는 주장과 증거를 찾으려고 한다.
- 장면의 연속 : 길 가운데서 경찰에 체포됨-사람들이 수근거림-법정 앞에 한 무리의 사람들이 있음-고발과 변호-유죄판결-기자회견

관련게임

20 : 이름 전달하기 ◆ 57 : 해결 기억 ◆ 58 : 위로하는 사람 게임

◆ 59 : 헬퍼(도와주는 사람) 게임 ◆ 60 : 친절한 시험 ◆ 78 : 평화의 말 ◆ 80 : 칭찬

***101가지 더 많은 생활기술 게임*에 있는 관련게임**

31 : 소문 공장 ◆ 67~73 : 관계 게임 ◆ 75 : 칭찬 대통령 ◆ 77 : 위협의 원

◆ 78 : 다툼 ◆ 79 : 전쟁춤 ◆ 81 : 시련 ◆ 82 : 보안요원

칭찬

목표

- 감탄 다루기
- 가까움과 멂 느끼기
- 겸손 발달시키기

게임방식 : 참가자들은 원으로 서 있는다. 한 자원자가 천천히 걸어서 원 안을 돌아다닌다. 다른 참가자들은 그가 지나갈 때 다른 참가자의 귀에 그에 대한 칭찬을 속삭인다. 그다음 자원자는 모든 사람이 자기에 대한 좋은 말을 속삭일 때 어떻게 느꼈는지 곰곰이 생각해 본다.

예

- "쟤는 정말 머리가 좋아! 쟤는 정말 머리가 좋아!"
- "쟤는 귀여워! 쟤는 귀여워!"

생각해 볼 점 : 모든 사람이 여러분을 칭찬할 때 어떻게 느꼈는가?

역할극

- 위대한 스타의 등장 : 인터뷰
- 정치인/스타의 기자회견

관련게임

79 : **루머**에서 제시된 관련게임 모두

81

유령과 여행자

목표

- 공격의 두려움 다루기
- 공격성 줄이기와 버리기
- 불리한 참가자에게 공정함 보여 주기
- 공정함 믿기
- 지각 훈련하기

게임방식 : 참가자들을 유령 집단과 여행자 집단의 두 집단으로 나눈다(걱정이 많은 아동들은 여행자보다는 유령이 되도록 격려한다). 유령들은 방을 가로질러 유령이 나오는 터널이나 길을 만든다. 여행자들은 짝을 짓는다. 한 여행자가 눈을 감은 파트너의 손을 잡고 유령이 출몰하는 경로를 따라 데려간다. 유령들은 눈을 감은 여행자에게 아우성치고, 한숨짓고, 유령 소리를 낸다. 여행자는 길을 빠져나올 때까지 눈을 뜨지 않는다.

변형 : 유령이 나오는 터널 속의 공주 : 공주가 유령이 나오는 터널을 걸어서 지나갈 때 세 명의 호위병이 공주를 둘러싼다. 그들은 공주에게서 나쁜 공포를 쫓아내기 위해 친절하게 노력한다.

생각해 볼 점

- 여러분은 걱정스러웠는가 아니면 재미있었는가?
- 만약 여러분이 놀랐다면, 그것이 무엇이라고 생각했는가?
- 여러분의 가이드는 안전하게 인도했는가?
- 불공정한 유령이 있었는가?
- 무엇이 특히 여러분을 무섭게 했는가?

- 유령들은 그들의 역할을 즐겼는가?
- 일상생활에서 무엇이 여러분을 놀라게 하는가?
- 여러분은 다른 사람을 무섭게 하는 걸 즐기는 사람을 알고 있는가?

역할극
- 불빛이 지하에서 흘러나왔을 때
- 허락받지 않은 오래된 성의 방문
- 밤에 집에 혼자 있기
- 내가 유령을 무섭게 만든 밤

관련게임
82 : **뱀파이어**와 이 게임에서 제시된 관련게임 모두

뱀파이어

목표

- 공격의 두려움 줄이기

게임방식 : 모든 참가자는 눈을 가리고 방을 걸어 다닌다. 집단리더는 눈에 띄지 않게 한 참가자의 어깨를 가볍게 친다. 이 참가자는 이제 자기가 뱀파이어임을 안다. 그러나 그는 계속 걷고 있으며 눈을 감고 있다. 그가 다른 참가자와 만나면 손을 그 사람의 어깨에 얹는다. 그것은 그 사람이 뱀파이어로 바뀌고 있음을 나타낸다. 새로운 뱀파이어는 그다음에 피가 응고된 아이스크림을 준다. 이제는 그도 뱀파이어다. 그는 걸어 다니는 장님이고, 희생자를 건드리고, 그들을 뱀파이어로 만든다. 만약 두 뱀파이어가 만나면 그들은 서로 건드리고 난 다음 깊은 안도의 한숨을 내쉰다. 그들은 더 이상 뱀파이어가 아니며 다시 희생자가 될 수 있다.

주의사항

- 이 게임은 신경이 약한 사람들이 하는 게임이 아니다. 이 게임을 한 후에는 음악에 맞춰 움직이는 것 같은("워밍업 게임" 참조) 진정하는 게임을 하라고 권할 수 있다.
- 이 게임은 다른 학급이나 집단을 방해하지 않는 곳에서 이루어져야 한다.

생각해 볼 점

- 여러분은 뱀파이어와의 처음 접촉이 두려웠는가?
- 여러분 주위에 있는 갑작스러운 외침은 어떤 영향을 주었는가?
- 여러분 자신의 외침은 여러분에게 어떤 안도를 주었는가?
- 뱀파이어 역할을 하는 것은 어땠는가?
- 공포에 익숙해지는 것이 가능했는가?
- 실제 생활의 어떤 경험이 여러분을 놀라게 하는가?
- 여러분이 두려워하는 학교상황이 있는가?
- 여러분이 마비되는 걸 느끼는 상황이 있는가?

관련게임

32 : 설상가상으로 ◆ 43 : 인사하기 게임 ◆ 52 : 일어나! ◆ 55 : 나 여기 있어!
◆ 61 : 도와 달라고 외치기 ◆ 65 : 오빠, 도와줘! 언니, 도와줘! ◆ 67 : 악어의 눈물
◆ 71 : 정글 속 동물 ◆ 75 : 공손한 야생동물 ◆ 81 : 유령과 여행자
◆ 83 : 양의 탈을 쓴 늑대

***101가지 더 많은 생활기술 게임*에 있는 관련게임**

51 : 구피 게임 ◆ 64 : 맹인 연합 ◆ 77 : 위협의 원 ◆ 83 : 첩보원 게임 ◆ 84 : 추적

83

공격성 게임

양의 탈을 쓴 늑대

준비물 : 참가자들 모두가 앉을 의자

목표

- 불신과 불신이 집단정신을 어떻게 방해하는지 경험하기
- 두려움, 불신, 공격성 다루기
- 아웃사이더가 되는 것 극복하기
- 집단 통합하기

게임방식 : 모든 참가자는 눈을 감은 채 원으로 놓인 의자에 앉는다. 집단리더는 원 주위를 돌아다니며 조용히 어떤 사람의 어깨를 살짝 건드린다. 이 참가자는 이제 자기가 '양의 탈을 쓴 늑대'인 것을 안다. 집단리더는 소리친다. "모든 늑대는 목초지로 나가라!" 참가자들은 원 안에서 네발로 돌아다닌다. 갑자기 '양의 탈을 쓴 늑대'가 "나는 늑대다!"라고 말하며 자신의 정체를 밝힌다. 그들은 안전한 의자로 도망친다. 만약 그들을 태그하게 되면 그들은 쓰러져 죽는다.

변형 : 네발로 돌아다니는 대신에 참가자들은 원 주위를 걸어 다닌다.

생각해 볼 점

- 늑대와 양은 어떤 감정을 느꼈는가? 차이는 무엇인가?
- 변장한 나쁜 사람이 있는 것은 일상생활에서 어떤 상황인가?
- 여러분에게 무엇인가 숨기고 있는 느낌을 주는 사람이 있는가?
- 여러분이 다른 사람들보다 더 신뢰하는 사람이 있는가?
- 신뢰는 어떻게 이루어지는가?
- 비슷한 모습, 비슷한 옷, 비슷한 매너는 신뢰에 어떤 영향을 주는가?

역할극

- 너는 나의 신뢰를 저버렸어!
- 네가 얼마나 사기꾼인지 알았다면 나는 너를 믿지 않았을 거야.
- 너는 내가 어제 네게 말한 비밀을 누군가에게 말했어!
- 선생님이 벌로 불공평하게 추가로 내 준 숙제를 우리 모두 하지 않는 데 찬성했다고 나는 생각했어. 너는 왜 약속을 어겼니?
- 공원에서 좋아 보이는 낯선 이를 만나라, 하지만 ….

관련게임

82 : **뱀파이어**와 이 게임에서 제시된 관련게임 모두

더 많은 상상 더하기

얼어붙은 꼬마요정

목표

- 팬터마임 배우기
- 잡히게 되는 두려움 극복하기
- 잘못된 의심 다루기
- 배척 다루기

게임방식 : 집단은 거의 같게 인간과 좋은 꼬마요정으로 나눈다. 좋은 꼬마요정은 팬터마임으로 그들의 일을 하면서 조용히 방 안을 맴돈다. 그들은 물건을 닦고 치우고 나른다. 갑자기 누가 요정들에게 알리기 위해 외친다. "주인이 오고 있어!" 요정들은 꼼짝하지 않고 들어야 한다. 그다음 인간 참가자 중 한 사람이 요정들이 멈추게 되었을 때 하고 있던 일을 알아맞힌다. 그다음에 요정들은 일을 계속한다. 그들이 들은 소리는 주인의 고양이였음이 틀림없다. 그러나 얼마 후 그들은 다시 불길한 소리를 듣는다. 그리고 다음 인간이 요정들이 무얼하고 있었는지 알아맞힌다.

변형 : 장난감 가게에서 장난감들이 살아나게 되는 밤

생각해 볼 점 : 일상생활에서 여러분이 붙잡히는 것을 두려워하는 상황은 어떤 상황인가?

관련게임

44 : **좋은 아침!** ◆ 66 : **얼음 술래잡기** ◆ 79 : **루머** ◆ 85 : **돌기와 멈추기**
◆ 93~96 : **동화 게임** ◆ 97~101 : **팬터마임 극**

101가지 더 많은 생활기술 게임에 있는 관련게임

4 : 기분을 표현하는 신체언어 ◆ 29 : 일회성 비밀 ◆ 31 : 소문 공장 ◆ 82 : 보안요원
◆ 85～90 : 동상과 조각하기 게임

동상과 조각하기 게임

돌기와 멈추기

목표

- 협동과 파트너십 경험하기
- 신체접촉 경험하기
- 공격성 버리기
- 신뢰 쌓기

게임방식 : 가운데서 두 참가자가 서로 두 손을 잡고 회전목마처럼 돈다. 리더의 명령에 따라 그들은 서로의 손을 놓고 멈추어서 한 자세로 꼼짝하지 않는다. 둘 중 누가 더 이상한 자세인가? 보고 있던 사람들은 "너는 줄타기 곡예사 같아!" 또는 "너는 마치 인사를 하고 있는 거 같아!"처럼 자신의 의견을 말할 수 있다.

주의사항

- 여러분은 충돌과 부상을 피하기 위해서 충분히 넓은 공간이 필요하다.
- 두 참가자는 상대방이 넘어지거나 물건에 부딪히지 않게 확실히 서로에 대해 책임을 져야 한다.

관련게임

33~40 : **너와 함께 작업하기** ◆ 66 : **얼음 술래잡기** ◆ 67 : **악어의 눈물**

◆ 84 : **얼어붙은 꼬마요정** ◆ 86 : **얼어 버린 음악** ◆ 97~101 : **팬터마임 극**

*101가지 더 많은 생활기술 게임*에 있는 관련게임

85~90 : **동상과 조각하기 게임**

동상과 조각하기 게임

얼어 버린 음악

목표

- 조각하는 것 배우기
- 집단 워밍업 하기
- 의사소통과 접촉 시작하기
- 시각적 인지 향상하기

게임방식 : 참가자들은 음악에 맞추어 자유롭게 움직인다. 그들은 움직임이 더 강렬하도록 전신을 움직이게 격려받는다. 또한 그들은 팔을 허리선 위에서 움직여야 한다. 음악이 멈추면 그들은 정지한다. 정지하면, 참가자들은 그들이 보이는 줄에 서 있는 참가자들의 자세가 자신들에게 어떤 인상을 주었는지 말한다.

예

- "너는 마치 어떤 것으로부터 도망치는 것처럼 보여."
- "너는 마치 환희의 춤을 추는 것처럼 보여."

관련게임

85 : **돌기와 멈추기**와 이 게임에서 제시된 관련게임 모두 ◆ 87 : **동상 쌍**

동상과 조각하기 게임

동상 쌍

준비물 : 필기할 종이와 펜/연필

목표

- 사회적 역할 인식하기
- 갈등의 원천 인식하기
- 문제해결 배우기
- 사회적 인식 향상하기
- 파트너관계 발달시키기

게임방식 : 참가자들을 쌍으로 나눈다. 모든 쌍은 종이 조각 위에 일상생활에서 보통 볼 수 있는 두 가지 유형의 사람들을 적는다. 집단리더가 종이 조각을 걷는다. 그런 다음 각 쌍은 다른 종이 조각을 받고, 어떤 사람이 서 있는지 보고, 그 종이를 테이블 위에 있는 무더기에 넣는다. 이제 순서를 바꾸어 모든 쌍은 종이에 적힌 쌍과 같은 동상처럼 자세를 취한다. 다른 참가자들은 그 인간 동상과 일치하는 종이 조각을 무더기에서 찾는다.

예

- 두 명의 병원 청소부
- 열차의 차장과 승객
- 엄마와 아이
- 두 명의 권투 선수나 레슬링 선수
- 두 명의 음악가
- 교사와 학생
- 견주와 개

- 경찰과 교통신호 위반자

변형

- 구경꾼들은 동상 쌍에게 추가 과제를 준다. 예 : 기차 차장과 승객. 승객은 기차표를 사지 않았다.
- 얼음 술래잡기 : 세 번째 참가자가 "자유로워졌다!"라고 외친다. 그리고 동상들은 움직이기 시작한다. 이제 두 동상 모양은 서로에게 말할 수 있다. 그들은 같이 떠나거나 따로 떠날 수 있다. 또는 안녕이라고 말할 수 있다. 만약 세 번째 참가자가 "얼음!"이라고 외치면 둘 다 현재 동작으로 꼼짝하지 않는다. 그런 식으로 게임은 속도가 느려지고 다시 속도가 빨라지는 걸 반복할 수 있다.

역할극

- 모든 쌍이 동의 안 한다.
- 두 참가자는 절친한 친구다. 그들은 서로 칭찬하고, 약속을 하며, 서로에게 경의를 표한다.

관련게임

85 : **돌기와 멈추기** 그리고 이 게임에서 제시된 관련게임 모두 ◆ 86 : **얼어 버린 음악** ◆ 88 : **마네킹** ◆ 93 : **나쁜 뉴스와 좋은 뉴스** ◆ 97~101 : **팬터마임 극**

88

마네킹

목표

- 비공격적인 신체접촉하기
- 사회적 인식 발달시키기
- 시각적 인식 향상하기
- 협동 배우기

게임방식 : 4명에서 8명으로 구성된 집단을 만든다. 한 참가자는 쇼윈도 장식가이다. 그는 마네킹을 윈도로 끌어내고, 세워서, 마네킹의 몸·팔·다리를 여러 번 구부려서 모양을 만들고, 머리를 돌리고, 마네킹의 손은 물건을 잡을 수 있게 모양을 잡는다. 여러 마네킹들은 서로 만지고 짝을 이룰 수 있다.

윈도 장식가는 자기 마음속에 특별한 디자인을 갖고 있는데, 겨울 스포츠, 해변상품, 또는 장난감 같은 것이다.

다른 참가자들은 그것이 어떤 상점인지 그리고 마네킹은 무엇을 하고 있는지 알아맞힌다.

생각해 볼 점

- 마네킹을 옮기고 구부려서 모양을 잡는 일은 어려운가?
- 쇼윈도 장식가는 마네킹을 어떻게 다루는가? 그는 거친가 아니면 부드러운가?

역할극 : 윈도 장식가가 마네킹이 그가 원하는 것을 하도록 말을 덜 할수록, 그는 자신의 지시를 더 잘 따르게 만들 수 있다.

관련게임

10 : **방 바꾸기** ◆ 28 : **네가 나를 조각해** ◆ 45~51 : **협동 게임** ◆ 87 : **동상 쌍**
◆ 89 : **밀랍인형관**

*101가지 더 많은 생활기술 게임*에 있는 관련게임

4 : **기분을 표현하는 신체언어** ◆ 35~39 : **너를 받아들이기** ◆ 52~59 : **협동 게임**
◆ 67~73 : **관계 게임** ◆ 85~90 : **동상과 조각하기 게임**

밀랍인형관

준비물 : 필기할 종이와 펜/연필

목표

- 신체접촉을 시작하기
- 사회적 인식 발달시키기
- 시각적 인식 향상하기
- 협동 배우기

게임방식 : 모형 제작자가 다른 학생을 마네킹처럼 사용하여 밀랍인형관에 있는 것처럼 일상생활의 한 장면을 만든다. 먼저 모든 참가자는 자기가 만들고 싶은 것을 카드 위에 쓴다. 카드는 테이블 위에 무선적인 순서로 놓는다. 첫 번째 참가자는 아무 카드나 하나 갖고 자신이 원하는 만큼의 마네킹을 사용하여 장면을 꾸민다. 장면은 은행강도처럼 소란스러운 것이거나 카페처럼 조용한 것이 될 수 있다. 다른 참가자들은 맞는 카드를 찾아서 표현된 것이 어떤 장면인지 알아맞힌다.

생각해 볼 점 : 모형 제작자가 표현한 장면이 실제적이었는가, 독창적이었는가, 또는 재미있었는가? 단지 한 가지 해결책만 있었는가? 그것은 평화적인 해결책인가 잔인한 해결책인가?

관련게임

88 : **마네킹**과 이 게임에서 제시된 관련게임 모두　◆　90 : **학급사진**

학급사진

목표

- 집단 구조를 알기
- 집단 내에서 자신의 위치를 파악하기
- 시각적 인식 훈련하기
- 집단게임 동안 신체접촉에 편안해지기

게임방식 : 사진사가 학급사진을 찍기 위해 학생들에게 잘 서라고 요청한다. 그는 어떤 자세와 표정을 요구한다. 그는 말로 지시를 하거나 사람에게 걸어가서 직접 자세를 고쳐 준다.

"웃어요!"란 지시에 모든 사람은 정지한다. 그가 "고마워요!"라고 말할 때 참가자들은 몸을 풀고 움직일 수 있다. 그들은 모두 서로 잡담을 하며 대열을 벗어난다. 저런, 사진사가 사진 찍는 것을 잊어버렸다! 그들은 모두 아까와 같은 방식으로 그들의 위치에 서야 한다. 모든 사람이 그들이 섰던 위치를 기억하는가?

변형

- 두 번째 집단은 사진을 나타내는 것으로 구성된다. 그들은 4야드(약 3.6미터) 떨어진 곳에 거꾸로 된 상(image)으로 선다.
- 몇몇 참가자들이 사진사에게 자기 가족사진을 찍게 한다. 이 시간에는 그들이 어떤 사람 옆에 설 사람을 결정한다. 모든 가족구성원은 누가 보아도 "저건 전형적이야!"라고 말하도록 전형적인 자세로 서야 한다. 또 다른 가족이 사진을 찍는다. 그러나 그 가족은 의논하여 정한다. 그날 이후 즐거운 소풍 동안 집단사진을 찍는다.

생각해 볼 점

- 여러분 가족은 어떻게 보이는가?
- 여러분이 가족사진에 같이 찍고 싶은 사람은 누구인가?
- 다른 참가자들은 무엇으로 가족사진을 망칠 수 있는가?
- 가족들 사이에는 어떤 차이가 있는가?

역할극 : 학급의 장난꾸러기가 사진을 고의로 방해한다.

관련게임

88 : **마네킹**과 이 게임에서 제시된 관련게임 모두 ◆ 91 : **사진을 연기하기**

*101가지 더 많은 생활기술 게임*에 있는 관련게임

88 : **가족 동상**

사진을 연기하기

준비물 : 잡지와 가위

목표

- 문제와 갈등 설명하기
- 문제인식과 사회적 인식 일으키기
- 시각적 인식 훈련하기
- 집단게임 동안 신체접촉에 편안해지기
- 협동 배우기

게임방식 : 참가자들은 잡지를 훑어보고 어려운 상황에 처한 사람(예 : 싸우는 사람, 논쟁하는 사람, 위험에 처한 사람)의 그림을 자르라는 지시를 받는다. 소집단으로 그림에 있는 상황을 재현한다. 이것은 적절한 위치에 자신을 놓은 참가자들이 하거나 집단의 '동상'(28번 게임, **네가 나를 조각해** 참조)으로 행동할 사람을 하나 선택하여 하게 한다. 다른 참가자들은 자른 그림들을 훑어보고 그 사람이 재현하고 있는 그림을 찾아낸다.

생각해 볼 점

- 그림이 보여 주는 것은 무엇인가?
- 그림에 있는 장면 이전에는 어떤 일이 일어났는가?
- 이 상황은 어떻게 진전될 수 있는가?

관련게임

88 : **마네킹**과 이 게임에서 제시된 관련게임 모두 ◆ 92 : **인간 슬라이드 쇼**

동상과 조각하기 게임

인간 슬라이드 쇼

준비물 : 그림책 또는 잡지

목표

- 문제와 갈등 설명하기
- 문제 확인하기
- 사회적 인식 발달시키기
- 시각적 인식 훈련하기
- 집단게임 동안 신체접촉에 편안해지기
- 협동 배우기

게임방식 : 참가자들을 소집단으로 나눈다. 그리고 각 집단은 책이나 잡지에서 그림으로 나타난 이야기를 찾는다. 그다음 각 장면들은 구성된다. 첫 번째 '그림'을 개별 참가자가 그 자세를 취함으로써 보여 주거나 집단의 '동상'(28번 게임, **네가 나를 조각해** 참조)으로 행동할 참가자 한 사람을 뽑아서 다른 참가자에게 보여 준다. 구경꾼들은 그림에 대해 말하거나 어떤 일이 일어났다고 생각하는지 설명할 수 있다. 그런 다음 그는 "막을 내리세요!"라고 말한다. 구경꾼들은 눈을 감는다. 실행자들은 자세, 위치, 얼굴표정을 바꾼다(또는 '조각가'에 의해 그렇게 하도록 지시받는다). 그리고 두 번째 장면을 만들기 위해 정지한다. 구경꾼들은 "막을 올리세요!"라고 외치고 구경꾼들은 눈을 다시 뜬다. 이것이 일련의 전체 장면이나 슬라이드가 제시되는 방법이다.

변형 : 동화, 신화, 그림책의 이야기가 이런 기법으로 제시될 수 있다.

주의사항 : 슬라이드 기법은 매우 간단한 드라마 연습이다. 그것은 배우에게 너

무 많은 것을 요구하지 않는다.

역할극 : 현재의 갈등과 사건을 처리하기

관련게임

88 : **마네킹**과 이 게임에서 제시된 관련게임 모두 ◆ 91 : **사진을 연기하기**

◆ 93~96 : **동화 게임**

93

나쁜 뉴스와 좋은 뉴스

준비물 : 필기할 종이와 펜/연필

목표

- 쌍을 만들기
- 적을 찾아내기

게임방식 : 참가자들은 짝을 이룬다. 모든 참가자는 종이 조각을 받아서 그 위에 긍정적인 동화 인물을 쓴다. 파트너가 다른 조각에 이 인물의 적을 적는다. 이 사람은 같은 동화 속에 있는 나쁜 인물이다. 이 두 개의 종이 조각은 '나쁜 뉴스' 쌍이다. 그 참가자들은 그다음으로 계속해서 '좋은 뉴스' 쌍을 만든다. 그들은 같은 동화 속의 다른 좋은 인물을 생각하면서 세 번째 종이 조각에 이름을 적는다.

예

- '나쁜 뉴스' 쌍
  헨젤-마녀
  밀러의 딸-럼펠스틸스킨
  장화 신은 고양이-마법사
  신데렐라-계모
  백설공주-여왕
  빨간모자-늑대
- '좋은 뉴스' 쌍
  헨젤-그레텔
  신데렐라-왕자

백설공주-일곱 난쟁이

빨간모자-할머니

변형 : 일상생활에서 좋은 쌍과 나쁜 쌍을 찾아라!

생각해 볼 점

- 좋은 인물만 나오는 동화가 있는가?
- 나쁜 특성이 없는 사람들 집단이 있는가?

역할극 : 일상생활의 좋은 쌍이나 나쁜 쌍이 있는 짧은 장면을 연기하라!

관련게임

5 : **좋은 요정** ◆ 39 : **쌍둥이** ◆ 84 : **얼어붙은 꼬마요정** ◆ 87 : **동상 쌍**

◆ 94 : **동화 인물**

*101가지 더 많은 생활기술 게임*에 있는 관련게임

85 : **얼어붙은 쌍**

동화 게임

동화 인물

준비물 : 나쁜 뉴스와 좋은 뉴스(93번 게임)에서 완성된 카드

목표

- 성격특성으로 사람들 연결하기
- 언어적 유능성 발달시키기
- 사회적 인식 일으키기
- 좋은 관계와 나쁜 관계 묘사하기
- 적을 인식하기

게임방식 : 앞의 게임에서 만든 잘라 낸 '나쁜 뉴스' 쪽지(93번 게임, **나쁜 뉴스와 좋은 뉴스** 참조)를 뒤섞은 후 나누어 준다. 그다음 모든 참가자는 그들의 '나쁜 뉴스' 파트너를 찾는다. 참가자들은 그 성격과 동화에 전형적인 말을 듣는 것으로만 자기 파트너를 인지할 수 있다. 두 명의 나쁜 뉴스 파트너가 만나자마자 그들은 논쟁을 시작한다. 잠시 동안 논쟁을 한 후 나쁜 뉴스 파트너들은 서로 다시 잘 지내기로 결정한다.

예

- 몰인정한(계모)
- 근면한(일곱 난쟁이)
- 두려움 없는(기사)
- 욕심 많은(늑대)

변형 : 앞의 게임에서 만든 '좋은 뉴스' 쪽지를 나누어 준다. 각 참가자들은 그들의 좋은 뉴스 파트너를 찾기 시작한다. 파트너들은 그들의 특정 성격에 전형적

인 말을 하고 그들 파트너의 성격이 하게 만든 말을 듣는 것으로 서로를 밝혀낸다. 파트너들이 서로를 찾아냈을 때 그들은 행복해하며 미래의 계획을 의논한다.

주의사항 : 대부분의 참가자들에게 좋은 긍정-긍정 대화가 가장 지루한 대화다. 그것은 왜 부정적 경쟁자가 그렇게 생생하게 우리에게 꾸민 이야기를 할 수 있는지를 설명한다. 이야기는 두 친구가 갑자기 서로 싸울 때 또는 다음 게임에서처럼 한 친구가 악한이 될 때 몹시 흥미로워진다.

관련게임

18 : 소리 특성을 수집하기 ◆ 95 : 동화 서프라이즈 ◆ 96 : 동화 속에 살기

101가지 더 많은 생활기술 게임에 있는 관련게임

13~21 : 나는 어떤 사람인가 ◆ 35~39 : 너를 받아들이기 ◆ 46 : 구두점

동화 게임

95

동화 서프라이즈

준비물 : 나쁜 뉴스와 좋은 뉴스에서 만든 쪽지(93번 게임)

목표

- 정서 인식 발달시키기
- 편견 줄이기
- 창의성 향상하기
- 공격행동 흉내 내기

게임방식 : 모든 참가자는 **나쁜 뉴스와 좋은 뉴스**(93번 게임)에서 만든 각 쪽지를 받는다. 좋은 쪽지를 받은 참가자들은 이 사람이 말했을 수 있는 완전히 기대하지 않았던 나쁜 문장을 찾는다. 나쁜 쪽지를 받은 참가자들은 좋은 문장을 생각한다. 그다음에 다른 참가자들은 각 참가자가 고른 반대 특성을 알아맞힌다.

예

- 백설공주가 말한다. "난쟁이들은 정말 바보야. 나를 그들과 함께 살게 해 주다니."
- 마녀가 말한다. "나는 두 명의 작은 난쟁이에게 실제로 미안함을 느끼고 있어요. 나는 사과를 먹지 않을 거예요. 그 대신 우리 모두에게 사과 파이를 구워 줄 거예요."

생각해 볼 점

- 모든 사람은 항상 좋거나 나쁜가?
- 특정 유형의 인물이 어떻게 행동할 것인지에 대해 여러분은 어떤 편견을 가지고 있는가?

- 편견은 어디에서 오는가?
- 그래서 일부 사람들은 어떤 외모, 직업, 배경에 대한 편견을 가지고 있는가?

변형 : 집단리더가 각 참가자에게 감정을 지시한다. 그다음 모든 참가자는 그 인물이 좋은지 나쁜지 동화 인물에게 이 감정을 표현할 문장을 생각한다(마녀도 행복해질 수 있다).

역할극 : 소집단으로 참가자들은 동일 주인공이지만 다른 질과 감정을 가진 동화를 만든다. 구성은 자동적으로 변화한다.

관련게임
94 : **동화 인물**과 이 게임에서 제시된 관련게임 모두 ◆ 96 : **동화 속에 살기**

동화 속에 살기

준비물 : 동화책(선택사항)

목표

- 다른 인간 주인공과 감정 다루기 : 두려움, 동정심, 후회
- 양심 다루기
- 공격성 줄이기
- 사회적 인식 발달시키기
- 드라마틱한 구조 배우기

게임방식 : 참가자들은 잘 알려진 동화를 골라서 여러 장면으로 나눈다. 그들은 각 장면에서 일어난 것을 요약하는 문장에 의견이 일치한다. 이 문장을 마음속에 두고 그들은 각 장면을 연기하는데, 원래 이야기에 맞추거나 아니면 상상을 사용해 새로운 결과를 만들어 내면서 자기 취향에 맞춘다. 참가자들은 집단들로 나뉘는데 각 집단에는 모든 역할을 할 참가자들이 충분하도록 나눈다. 아래의 예에는 4명의 주인공이 있어서 모든 집단에 네 사람(엄마, 마녀, 헨젤, 그레텔)의 참가자가 필요하게 된다.

예 : "헨젤과 그레텔"

엄마 : "우린 먹을 게 없어. 우린 숲 속에 애들을 남겨 둘 거야."

헨젤 : "무서워하지 마. 우리가 집으로 가는 길을 찾을 수 있게 내가 빵부스러기를 땅에 뿌렸어."

그레텔 : "봐, 저기 집이 있어! 거기에 누가 살고 있는지 궁금해."

마녀 : "들어와. 무서워할 거 없단다."

마녀 : "집 청소를 하고, 마루를 닦아라!"

헨젤과 그레텔 : "마녀가 죽었어."

엄마 : "너희들이 돌아와서 너무 기쁘다!"

변형

- 그다음 같은 역할을 한 참가자들이 집단을 만든다. 나무를 베는 동안 아버지는 아이들을 먹이느라 힘이 든 다른 아버지들을 만난다. 딸기를 따는 동안 엄마는 자기와 비슷한 걱정을 하는 엄마들을 만난다. 아이들은 다른 아이들과 자기들의 운명을 의논한다. 그 아이들도 숲으로 보내지는 것을 두려워하고 있다. 두 번째 장면에서 그레텔은 여러 성격으로 나타날 수 있다 : 걱정하는 그레텔, 진취적인 그레텔, 자신 있는 그레텔, 단순한 그레텔. 헨젤은 어떤 성격을 가질 수 있는가? 세 번째 장면은 비슷한 방식으로 다루어질 수 있다.
- 네 번째 장면에서, 부모들은 배경으로 나타나고 일어난 일에 대해 가끔 말을 할 수 있다.
- 다섯 번째 장면에서, 그레텔은 반항적으로 행동할 수 있고 마녀는 자비를 구하려 할 수 있다.
- 여섯 번째 장면에서, 헨젤과 그레텔은 환희, 후회, 동정심 사이에서 왔다 갔다 할 수 있다. 마녀의 유령은 나타나는가?
- 일곱 번째 장면에서, 헨젤과 그레텔은 어른이 되어 아버지에게 돌아간다. 그들은 이제 모든 것을 다른 관점에서 본다.

역할극 : 현대판 동화로 시도하라.

주의사항 : 이 방식에 잘 맞는 것은 전통 동화만도 아니고, 분명히 헨젤과 그레텔 이야기만 맞는 것도 아니다. 현대 소설에서 그림책에 이르기까지 어느 것이든 이 게임의 바탕이 될 수 있다. 동화의 장점은 많은 아동들이 그 이야기 줄거리를 안다는 점이다. 그러나 집단리더는 그것이 어떤 이야기이든 모든 참가자가 알고 있는 이야기를 선택해야만 한다. 만약 그렇지 않은 경우, 리더는 게임을 시작하기 전에 집단에게 그 이야기를 말해야 한다.

관련게임

94 : **동화 인물**과 이 게임에서 제시된 관련게임 모두 ◆ 95 : **동화 서프라이즈**

97

더 강해지기

목표

● 협동 배우기

게임방식 : 참가자들은 원으로 서 있다. 팬터마임을 사용해 모든 사람이 구부리고 무거운 유리판을 같이 들어 올리는 체한다. 모든 참가자의 손은 바닥에서 같은 거리에 있는 유리판을 잡고 있어야 한다. 그들은 유리판을 몇 야드 옮긴다. 유리판은 같은 크기인 채로 있어야 한다.

변형

● 모든 참가자가 거대한 캔버스를 펼친다.
● 줄다리기 게임에서 상상의 상대팀과 겨루며 줄을 당기고 있는 것처럼, 모든 참가자는 긴 밧줄을 당긴다.

생각해 볼 점

● 이 활동을 같이 하는 것에 대한 어려움은 무엇인가?
● 사람들은 실수를 했는가? 실수는 왜 일어나는가?
● 일상의 어떤 활동에서 여러분은 다른 사람의 도움이 필요한가?
● 여러분은 이 게임이 편했는가 불편했는가?
● 여러분은 누구와 이 게임을 소집단으로 하고 싶은가?
● 이 게임은 여러분 가족에서 효과가 있는가?

역할극

● 가족은 큰 고무 구명보트를 멀리 떨어진 해변으로 나르고 있다.
● 두 학생 집단이 팬터마임으로 줄다리기를 한다. 일등상은 일주일간의 휴

가를 더 받는 것이다. 왜 한 집단은 졌는가?

관련게임

50 : **줄다리기** ◆ 97~101 : **팬터마임 극**

*101가지 더 많은 생활기술 게임*에 있는 **관련게임**

52 : **원 안으로 들어와**에서 제시된 관련게임 모두

98

선물 풀기

목표

- 인내심 있게 되기
- 창의적으로 되기
- 말하지 않고 자신을 표현하기
- 비언어적 행동 해석하기

게임방식 : 참가자들은 방 가운데에 있는 상상의 상자에서 상상의 선물을 돌아가며 꺼낸다. 다른 참가자들은 그 참가자가 선물을 다루는 방식과 그의 얼굴표정을 보고 선물이 무엇인지 알아맞힌다.

변형 : 참가자들은 자신들의 선물을 생각하는 대신 리더가 쓴 프롬프트가 들어있는 그릇에서 종이 조각을 꺼낼 수 있다.

예 : 한 참가자가 선물로 테니스 라켓을 '받는다.'

관련게임

29 : **네가 나를 비춰** ◆ 74 : **슬로모 테니스** ◆ 78 : **평화의 말**
◆ 84~92 : **동상과 조각하기 게임**

팬터마임 극

웨이터

목표

- 창의적이 되기
- 말하지 않고 자신을 표현하기
- 비언어적 행동 해석하기

게임방식 : 이 게임에서 참가자들은 식사하는 사람(아동과 어른 모두), 지배인, 웨이터, 요리사를 포함한 식당 장면을 만든다. 참가자들은 팬터마임을 사용하고 말하지 않아야 한다. 식사하는 사람들은 환영받고, 자리에 앉고, 쟁반에서 음식과 음료를 서비스받는다. 식당에서 식사하는 사람인 참가자들은 그다음에 서비스받은 것을 먹고 마시는 척한다.

변형 : 참가자들은 서비스하기와 서비스받기를 교대로 한다. 그들은 만족스러운 척하거나 음식이나 서비스가 얼마나 나쁜지에 대해 큰 소리를 치는 척할 수 있다.

관련게임

29 : 네가 나를 비춰 ◆ 74 : 슬로모 테니스 ◆ 78 : 평화의 말
◆ 84~92 : 동상과 조각하기 게임

하늘을 나는 가면

목표

- 창의적이 되기
- 말하지 않고 자신을 표현하기
- 비언어적 행동 해석하기

게임방식 : 참가자는 가면을 나타내는 재미있는 얼굴표정을 하고 그다음에 손으로 얼굴 위로 쓸고 지나가며 '가면을 벗긴다.' 그리고 손을 움직여서 원에 있는 다른 참가자에게 가면을 던진다. 다른 참가자가 가면을 받아 얼굴에 쓰고, 가면을 바꾸고, 다른 사람에게 던진다.

관련게임

29 : 네가 나를 비춰 ◆ 74 : 슬로모 테니스 ◆ 78 : 평화의 말

◆ 84~92 : 동상과 조각하기 게임

팬터마임 극

마임 사슬

목표

- 창의적이 되기
- 말하지 않고 자신을 표현하기
- 비언어적 행동 해석하기

게임방식: 네 명의 참가자가 방을 나간다. 다른 참가자들은 한 사람이 팬터마임에서 표현할 행동에 동의한다. 기다리고 있던 네 사람 중 첫 번째 사람이 불려들어온다. 표현될 행동이 정해져 있다는 것을 모른 채 그는 흥미를 가지고 마임을 보고 그 행동을 해석한다. 이제 그 첫 번째 사람은 두 번째 사람을 불러들여 자기가 보았던 것을 자신의 마임으로 보여 준다. 그다음에 두 번째 사람은 교대하고 마지막으로 세 번째 사람이 마임을 할 순서가 된다. 마지막 네 번째 참가자는 그 행동이 무엇을 나타내는 것인지 알아맞힌다.

관련게임

29 : 네가 나를 비춰 ◆ 74 : 슬로모 테니스 ◆ 78 : 평화의 말
◆ 84~92 : 동상과 조각하기 게임

*101가지 더 많은 생활기술 게임*에 있는 관련게임

4 : 기분을 표현하는 신체언어

찾아보기

특수 범주로 배열한 게임